FRÜHLINGSKÜCHE FRISCH & LEICHT

Meister Verlag GmbH

INHALT

FRÜHLINGSKÜCHE AUS ALLER WELT

Junges zartes Gemüse, erntefrisch und knackig, delikat und vitaminschonend zubereitet – das ißt jeder gern, auf der ganzen Welt und zu jeder Zeit, aber ganz besonders nach einem langen Winter.

MITTEL- & SÜDAMERIKA

Ursprüngliche Lebensfreude, große Ausdruckskraft und viel Energie zeichnen die Menschen in Mittel- und Südamerika aus, selbst wenn die Lebensumstände und -bedingungen dies nicht immer erwarten lassen. Einen Frühling, wie wir ihn kennen, gibt es dort nicht überall, aber die Küchen der sonnenverwöhnten mittelamerikanischen Länder und der Karibik kennen viele Gerichte, bei denen frisches Gemüse nicht fehlen darf.

NORD- & MITTELEUROPA

Frisches Obst und Gemüse bereichern in Nord- und Mitteleuropa bereits ab März die Angebotspalette. Ob Spitzkohl, Spinat, Zuckerschoten, Möhren, weiße Rüben, Rhabarber oder die ersten Erdbeeren – im Frühling sehnt sich jeder nach erntefrischen Feldfrüchten. Es ist daher kein Wunder, daß daraus überall mit viel Liebe traumhafte Gerichte zubereitet werden.

ASIEN & FERNER OSTEN

Von den Köchen Asiens und des Fernen Ostens haben wir gelernt, Gemüse ideal zuzubereiten. Fein zerkleinert und im Wok oder einer großen Pfanne schnell gegart, schmeckt Gemüse nicht nur sehr gut, es bleiben auch weitgehend alle wertvollen

Vitamine erhalten. Mit pfiffigen fernöstlichen Rezepten, die auch optisch keine Wünsche offen lassen, macht es so richtig Spaß, aus dem reichhaltigen Frühlingsgemüsesortiment auszuwählen und das Gericht zu küren, das am besten schmeckt.

Afrika & Naher Osten

Viele typische Gerichte aus Afrika und dem Nahen Osten lassen sich hervorragend mit leichter frischer Frühlingsküche vereinbaren, wie Fleischbällchen mit frischer Minze aus Israel, Lammküchlein im Spinatmantel aus Nigeria oder arabischer Bulgursalat mit Gemüse.

Neue Welt

Wenn auf den Straßen die ersten fahrenden Verkaufsbuden den Frühling ankündigen, hat auch in Nordamerika jeder Lust, Vitamine zu tanken. Vielleicht mit einem herrlich knackigen Salat mit Bacon und Croûtons? Oder mit Spargel aus dem ewig frühlingshaften Kalifornien?

Mittelmeerraum & Westeuropa

Kurz und heftig ist der Frühling in den meisten Mittelmeerländern, denn schon bald brennt die Sonne mit unbändiger Energie vom Himmel. Ideal um Tomaten zu trocknen. Leichte Küche mit viel Gemüse gehört in den sonnigen Mittelmeerländern zur Lebensart.

Brasilianische Spinatpfanne mit Krabben

Brasilien

Dieses ländliche brasilianische Gericht stammt ursprünglich aus Afrika. Es kann mit verschiedenen Blattgemüsen zubereitet werden. Im Frühling ist frischer, junger Blattspinat am besten.

ZUTATEN
(Für 4 Portionen)

- **1 kg Blattspinat**
- **Salz, schwarzer Pfeffer**
- **2 Zwiebeln**
- **2 Knoblauchzehen**
- **4 Tomaten**
- **2 cm frische Ingwerwurzel**
- **½ Bund Koriander**
- **150 g getrocknete Krabben (siehe Zutatentip)**
- **6 EL Palmöl (siehe Zutatentip)**

Zutatentip

- **Getrocknete Krabben gibt es in südamerikanischen Geschäften. Falls keines in Ihrer Nähe ist, nehmen Sie einfach frische Krabben.**
- **Palmöl ist in lateinamerikanischen und in Afrika-Läden erhältlich. Ersatzweise können Sie Sonnenblumenöl verwenden, jedoch fehlt dann der typische Geschmack.**

1 In einem großen Topf Salzwasser zum Kochen bringen. Den Spinat waschen und verlesen. Dann im kochenden Wasser kurz blanchieren, bis er zusammenfällt. In ein Sieb abgießen, kurz abtropfen lassen und in Streifen schneiden (siehe Kochtip).

2 Die Zwiebeln und die Knoblauchzehen schälen und fein würfeln. Die Tomaten kurz blanchieren, enthäuten, entkernen und ohne Stielansätze kleinwürfeln. Den Ingwer schälen und fein hacken.

3 Den Koriander kurz unter kaltem Wasser abbrausen, trockenschütteln und ohne die festen Stiele grob hacken. Die Zwiebeln, den Knoblauch, die Tomaten, den Ingwer, die getrockneten Krabben und 2 EL Palmöl mit dem Stabmixer pürieren.

4 Das restliche Palmöl in einem weiten Topf (siehe Kochtip) stark erhitzen. Den Spinat darin andünsten, dann im geschlossenen Topf etwa 2 Minuten dämpfen. Die Paste unter den Spinat rühren und alles 5 Minuten weiterdünsten. Mit Salz und Pfeffer kräftig abschmecken und sofort heiß servieren.

Schritt 2

Schritt 3

Schritt 4

Zubereiten **30** Min. Garen **10** Min.
Pro Portion: 270 kcal/1130 kJ; 16 g EW; 20 g F; 6 g KH

Typisch brasilianisch

Die Küche Brasiliens gleicht einem multikulturellen »Hexenkessel«. Alle hier angesiedelten Bevölkerungsgruppen, darunter auch Afrikaner, haben ihre heimischen Spezialitäten mitgebracht und an ihre Nachfahren weitergegeben. Eine davon ist diese schmackhafte Spinatpfanne mit getrockneten Krabben und Ingwer.

Kochtip

- Jungen Blattspinat können Sie auch unblanchiert ins heiße Palmöl geben. Dann eine Tasse Wasser hinzufügen und den Spinat kurz dämpfen. Anschließend wie im Rezept angegeben verfahren.
- Dieses Gericht läßt sich auch ganz besonders gut im Wok oder einer großen, weiten Pfanne zubereiten.

Serviertip

Servieren Sie als Nachspeise frischen Obstsalat aus Melone, Kiwi und Orangen in einer halben, entkernten Melone.

Nach brasilianischer Sitte wird Mate-Tee oder gut gekühlte Kokosnußmilch dazu getrunken.

KORIANDERHÄHNCHEN MIT FRÜCHTEN

KARIBIK

Ein Hähnchengericht, so richtig traumhaft karibisch! Ananas, Orangen und frischer Koriander harmonieren mit leichter Chilischärfe und einer pikanten Gewürzmischung mit Rum.

ZUTATEN
(Für 4 Portionen)

- 1 Hähnchen (etwa 1 kg)
- Salz, schwarzer Pfeffer

FÜR DIE MARINADE

- 200 g Ananasstücke aus der Dose, ungezuckert
- 2 Orangen
- 1 grüne Chilischote
- 1 Stange Sellerie
- 2 Frühlingszwiebeln
- ½ Bund Koriander
- 1 Zwiebel
- 2 Knoblauchzehen
- Saft von 1 Limette
- ½ TL getrockneter Thymian
- 1 EL Worcestersauce
- 1 EL weißer Rum

AUSSERDEM

- 4 EL Öl
- 1 EL brauner Zucker
- 2 EL Ketchup
- 2 EL Korianderblättchen

1 Hähnchen außen und innen waschen, trockentupfen und in 8 Portionsteile zerlegen. Mit Salz und Pfeffer würzen. Die Ananasstücke gut abtropfen lassen.

2 Die Orangen schälen und filetieren, dabei die weiße Haut mit entfernen. Die Chilischote aufschlitzen, von Stielansatz und Samensträngen befreien, waschen und in dünne Ringe schneiden. Den Sellerie und die Frühlingszwiebeln putzen, waschen und grob zerkleinern. Den Koriander kurz abbrausen, trockenschütteln und zerkleinern.

3 Zwiebel und Knoblauch schälen und fein würfeln. Obst und Gemüse mit Limettensaft, Thymian, Worcestersauce und Rum verrühren. Die Hähnchenteile in der Marinade, mit Folie abgedeckt, im Kühlschrank mindestens 1 Stunde ziehen lassen (siehe Kochtip).

4 Öl in einem Topf erhitzen, den Zucker einrühren, Hähnchenteile ohne Marinade anbraten, herausnehmen und warm stellen. Den Ketchup mit ¼ l Wasser verrühren, den Bratensatz damit ablöschen und kurz aufkochen. Marinade mit den Hähnchenteilen hinzufügen und zugedeckt bei schwacher Hitze 30 Minuten garen. Mit Koriander garnieren.

Schritt 1

Schritt 3

Schritt 4

Zubereiten **30** Min.
Marinieren **1** Std. Garen **40** Min.
Pro Portion: 685 kcal/2866 kJ;
49 g EW; 45 g F; 21 g KH

TYPISCH KARIBISCH

Der zweitgrößte Archipel der Welt mit über 7000 Inseln überrascht seine Besucher immer wieder mit außergewöhnlichen exotischen Gerichten. Gerade die Kombination von frischen Früchten, Gemüsen und Fleisch bereitet dem Kenner großes Vergnügen beim angeblich schönsten karibischen Zeitvertreib, dem Essen.

Kochtip

Je länger Sie die Hähnchenteile in der Marinade ziehen lassen, desto intensiver der Geschmack. Am stärksten kommen die Gewürze zum Tragen, wenn das Fleisch abgedeckt mehrere Stunden im Kühlschrank durchzieht. Dabei sollten die Hähnchenteile mehrmals gewendet und immer wieder abgedeckt werden.

Serviertip

Lecker hierzu ist Reis, in Kokosnußmilch mit gerösteten Kokosraspeln gegart und mit frischen Kokosraspeln bestreut.

Zum karibischen Hähnchengericht paßt kühles Bier oder ein frischer Fruchtcocktail.

SALATTELLER MIT BACON

USA

Mit dieser Kombination kann man sogar »Salatmuffel« begeistern, denn der knusprige Bacon, die gerösteten Brotscheiben und eine chiliwürzige Marinade überzeugen mit Geschmack.

ZUTATEN
(Für 4 Portionen)

- 1 Kopf Romana-Salat (siehe Zutatentip)
- 150 g Räucherspeck
- 8 Scheiben Baguette
- 4 Knoblauchzehen
- 2 EL Butter
- 1 Schalotte
- 1 frische rote Chilischote
- ½ Bund glatte Petersilie
- ½ TL mittelscharfer Senf
- 5 EL Distelöl
- 3 EL Weißweinessig
- Salz, schwarzer Pfeffer

AUSSERDEM

- 100 g gehobelter Parmesan

ZUTATENTIP

Statt Romana-Salat können Sie auch jede andere knackige Blattsalatsorte, wie z. B. Eisbergsalat, Lollo Rosso oder auch Blattspinat, verwenden.

1 Den Salat in einzelne Blätter zerteilen, abbrausen und in einem Sieb gründlich abtropfen lassen. Den Speck in schmale Streifen schneiden, in einer Pfanne knusprig braten, dann auf Küchenpapier abtropfen lassen.

2 Die Baguettescheiben halbieren. Den Knoblauch schälen und durch eine Presse drücken. Die Butter in einer Pfanne zerlassen und die Hälfte des Knoblauchs darin glasig werden lassen. Die Baguettescheiben hineinlegen, auf beiden Seiten goldbraun braten und beiseite legen (siehe Kochtip).

3 Die Schalotte schälen und fein würfeln. Die Chilischote halbieren, von Stielansatz sowie Samensträngen befreien, waschen und fein würfeln. Die Petersilie abbrausen, trockenschütteln und ohne die festen Stiele grob hacken. Den Senf mit dem restlichen Knoblauch, der Schalotte und der Chilischote verrühren. Mit Öl, Essig und Petersilie zu einer Vinaigrette aufschlagen. Salzen und Pfeffern.

4 Die Salatblätter auf 4 Teller verteilen und jeweils 4 Brothälften darauf anrichten. Die Vinaigrette löffelweise über den Salat träufeln. Zuletzt Speckstreifen und Parmesan darüberstreuen und sofort servieren.

Schritt 1

Schritt 2

Schritt 3

Zubereiten **20** Min. Garen **10** Min.
Pro Portion: 465 kcal/1946 kJ;
17 g EW; 35 g F; 20 g KH

TYPISCH AMERIKANISCH

Europäer sind immer wieder erstaunt, wie gigantisch groß alles in den USA ist. Sogar die Salatgerichte in den Restaurants sprengen alle Dimensionen. Sie werden entweder auf sehr großen Tellern, in großen Schüsseln – den »Bowls« – oder in praktischen »Tacoshells« serviert, die man auch gleich noch mitessen kann.

KOCHTIP

Salatfans, die ihre tägliche Vitaminbombe immer mit Röstbrot essen möchten, können dieses auch auf Vorrat rösten. Einfach mehrere Toastscheiben in 1 cm große Würfel schneiden, diese in Butter goldgelb braten und in einer Schüssel abkühlen lassen. Locker abgedeckt lassen sie sich so einige Tage aufbewahren.

SERVIERTIP

Pochierte Pfirsiche mit Mangoschaum und gehackten Pistazien ergänzen den kleinen Salatimbiß zu einer vollständigen Mahlzeit.

In amerikanischen Salatbars wird zum Salat gern eisgekühltes Mineralwasser getrunken.

Überbackener grüner Spargel

Ein typisch kalifornisches Frühlingsgericht zur Spargelzeit – wunderbar leicht und schnell zubereitet, denn die grünen Stangen sind so zart, daß sie nicht geschält werden müssen.

USA

ZUTATEN

(Für 4 Portionen)

- 1 kg grüner Spargel
- 1 Prise Salz
- 1 Prise Zucker
- 200 g gekochter Schinken
- 50 g Butter
- 30 g Mehl
- ¼ l Milch
- 200 g Schlagsahne
- geriebene Muskatnuß
- Salz, weißer Pfeffer
- 100 g geriebener Parmesan
- 50 g geriebener Gruyère (siehe Zutatentip)
- 1 EL Dijon-Senf
- 5 EL trockener Weißwein
- 1 EL Semmelbrösel

AUSSERDEM

- Butter für die Form

Zutatentip

Statt der angegebenen Käsesorten können Sie auch Gorgonzola oder einen Blue Stilton verwenden.

1 Den Spargel waschen, putzen und nur im unteren Drittel, wenn nötig, schälen. In einem schmalen hohen oder einem flachen weiten Topf (siehe Kochtip) reichlich Wasser mit Salz und Zucker zum Kochen bringen. Spargel hineinstellen oder -legen und bei schwacher Hitze in etwa 8 Minuten bißfest garen, dann abgießen und abtropfen lassen.

2 Den Backofen auf 200 °C vorheizen. Eine feuerfeste Form mit Butter ausfetten. Die Schinkenscheiben je nach Größe halbieren, jede Spargelstange mit Schinken umwickeln und in die Form legen.

3 Die Butter in einem Topf zerlassen und das Mehl unter ständigem Rühren einstreuen. Die Milch und die Sahne angießen, kurz aufkochen lassen und 5 Minuten bei schwacher Hitze köcheln lassen. Mit Muskat, Salz und Pfeffer würzen.

4 Den Topf vom Herd ziehen und die beiden Käsesorten, den Senf und den Weißwein in die Sauce einrühren. Nochmals abschmecken und über den Spargel verteilen. Dann die Semmelbrösel darüberstreuen. Den Spargel im Ofen (Gas 3; Umluft 180 °C) in etwa 20 Minuten goldgelb überbacken.

Schritt 2

Schritt 3

Schritt 4

Zubereiten **20** Min. Garen **15** Min. Backen **20** Min.

Pro Portion: 605 kcal/2531 kJ; 33 g EW; 44 g F; 19 g KH

Typisch amerikanisch

In den USA, mit insgesamt 50 Staaten und Einwanderern aus aller Welt, gibt es kulinarisch gesehen kaum etwas, das es nicht gibt. In den letzten Jahrzehnten ist – wegen des wachsenden Gesundheitsbewußtseins – vor allem die gemüsebetonte, schnelle und leichte Küche Kaliforniens stark in den Vordergrund gerückt.

Kochtip

Für Spargelliebhaber lohnt sich die Anschaffung eines hohen, schmalen Spargelkochers auf jeden Fall. Im Siebeinsatz dieser Spezialtöpfe werden die edlen Stangen auf die schonendste Art gegart: Die festeren Stiele stehen im kochenden Wasser, während die zarten Spitzen nur im heißen Dampf garen.

Serviertip

Pellkartoffeln und Butter sind die klassische Beilage für die meisten Spargelgerichte und passen auch hier sehr gut.

Stellen Sie als Tischwein einen kalifornischen Chardonnay aus dem Nappa Valley bereit.

Serviertip Eine japanische Eierblumensuppe mit zartem Gemüse ist eine ideale Vorspeise.

Als Getränk servieren Sie lauwarmen Sake ganz stilecht in japanischen Täßchen.

GEFÜLLTE PUTENRÖLLCHEN »KYOTO«

JAPAN

Im Fernen Osten wurde seit jeher die Fähigkeit kultiviert, mit möglichst schlichten Mitteln große Wirkung zu erzielen. Perfekt angerichtetes Essen – wie diese Putenröllchen – gehört dazu.

ZUTATEN
(Für 4 Portionen)

- 8 weiße Spargelstangen
- Salz, 1½ TL Zucker
- ½ TL Zitronensaft
- 5 EL japanische Sojasauce (Shoyu)
- 100 ml Reiswein (z. B. Mirin, siehe Zutatentip)
- 4 dünne Putenschnitzel à 150 g
- 4 EL Sesamöl
- 5 EL trockener Sherry
- japanischer Pfeffer (Sansho)

AUSSERDEM

- Zahnstocher
- Blumen, ausgestochen aus bißfest gegarten Möhrenscheiben und Zitronengras zum Dekorieren

ZUTATENTIP
Mirin, ein süßlicher Reiswein, ist, im Gegensatz zu Sake, nur zum Kochen geeignet.

1 Den Spargel waschen, putzen und schälen. In einem weiten Topf reichlich Wasser mit 1 Prise Salz, ½ TL Zucker und dem Zitronensaft zum Kochen bringen. Den Spargel hineingeben, bei schwacher Hitze in 10 Minuten bißfest garen, abgießen und abtropfen lassen.

2 Sojasauce, Reiswein und 1 TL Zucker zu einer Marinade verrühren. Die Schnitzel hineinlegen und 5 Minuten ziehen lassen. Dann herausnehmen, die Marinade mit einem Messer abstreifen und beiseite stellen. Das Fleisch auf eine Arbeitsfläche legen.

3 Die Schnitzel und die Spargelstangen halbieren. Je 2 halbe Spargelstangen in die Mitte eines Fleischstückes legen. Dann aufrollen und mit Zahnstochern feststecken.

4 Das Sesamöl im Wok oder in einer großen Pfanne erhitzen. Die Putenröllchen hineinlegen und von allen Seiten kräftig anbraten. Mit dem Sherry ablöschen und die Marinade dazugießen. Alles zugedeckt bei schwacher Hitze 8-10 Minuten schmoren lassen. Die Sauce mit dem japanischen Pfeffer abschmecken. Die Putenröllchen mit Blumen und Zitronengras dekorieren.

Schritt 2

Schritt 3

Schritt 4

Zubereiten **20** Min. Garen **20** Min.
Pro Portion: 305 kcal/1276 kJ; 40 g EW; 14 g F; 5 g KH

TYPISCH JAPANISCH
Trinkwasser ist in Japan vielerorts öffentlich zugänglich, und die Menschen gehen - ihrer Mentalität entsprechend - sehr diszipliniert mit dem kostbaren Naß um. Hochachtung und Respekt vor der Nahrung spricht auch aus der Akribie, mit der Japaner ihre Speisen bereiten.

WOKGEMÜSE MIT FISCHSTREIFEN

KOREA

Ingwer, Knoblauch und Sojasauce verleihen diesem schnellen, köstlichen Wokgericht sein typisch koreanisches Aroma. Dabei darf gerösteter Sesamsamen als Zutat auf keinen Fall fehlen.

ZUTATEN
(Für 4 Portionen)

- 500 g Schollenfilet (siehe Zutatentip)
- 2 cm frische Ingwerwurzel
- 2 Knoblauchzehen
- 1 kleine Möhre
- 2 Frühlingszwiebeln
- 1 Stange Lauch
- 1 kleine Zucchini
- 1 EL Sesamsamen (siehe Kochtip)
- 4 EL Öl
- 1 EL Zucker
- 1 TL Sesamöl
- 2 EL helle Sojasauce
- Salz, schwarzer Pfeffer

ZUTATENTIP
Statt Schollenfilet können Sie auch jedes andere festfleischige weiße Fischfilet verwenden, wie beispielsweise Filet vom Zander.

1 Das Fischfilet kalt abbrausen, trockentupfen und in ½ cm breite Streifen schneiden. Den Ingwer und den Knoblauch schälen und fein würfeln. Die Möhre putzen und schälen. Von den Frühlingszwiebeln und der Lauchstange die Wurzeln und das grüne Ende entfernen. Die Lauchstange längs aufschlitzen, waschen und mit den Frühlingszwiebeln und der Möhre in feine Streifen schneiden.

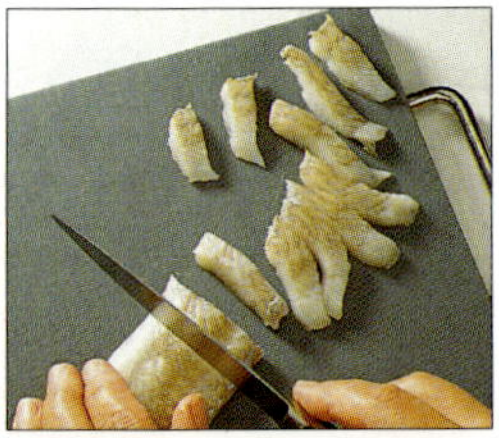

Schritt 1

2 Die Zucchini waschen und putzen. Erst in längliche Scheiben und dann quer in dünne Streifen schneiden. Die Sesamsamen in einer Pfanne ohne Fett rösten und beiseite stellen. 2 EL Öl in einem Wok oder einer Pfanne erhitzen. Die Fischstreifen hineingeben und bei starker Hitze von allen Seiten scharf anbraten. Dann herausnehmen und zugedeckt beiseite stellen.

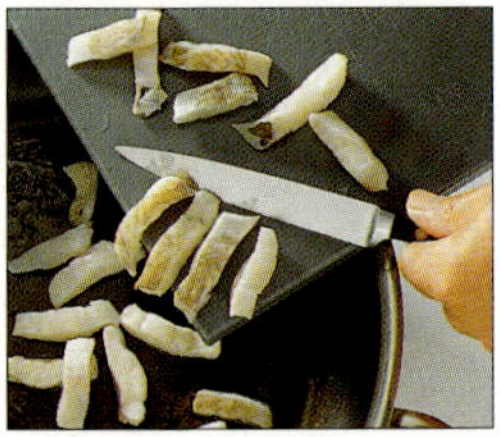

Schritt 2

3 Das restliche Öl im Bratensatz erhitzen. Den Ingwer, den Knoblauch und die Frühlingszwiebeln darin glasig werden lassen. Das Gemüse hinzufügen und unter Rühren einige Minuten braten. Mit Zucker, Sesamöl, Sesamsamen, Sojasauce, Salz und Pfeffer würzen. Die Fischstreifen vorsichtig unter das Gemüse heben, nochmals kräftig mit Salz und Pfeffer abschmecken und sofort servieren.

Schritt 3

Zubereiten **20** Min.
Marinieren **1** Std. Garen **10** Min.
Pro Portion: 280 kcal/1172 kJ;
25 g EW; 17 g F; 7 g KH

TYPISCH KOREANISCH
In Korea wird mit Stäbchen gegessen. Sie sind aus Messing, Porzellan oder rostfreiem Stahl, seltener aus Holz. Zu besonderen Anlässen benutzen die Koreaner silberne Eßstäbchen und Löffel. Früher aus Angst vor Vergiftungen – Silber läuft an, sobald es mit bestimmten Giften in Berührung kommt –, heute aus Tradition.

Kochtip

Geröstete Sesamsamen gehören in jedes koreanische Gewürzbord. Wenn Sie öfter koreanisch kochen, lohnt es sich, gleich eine größere Menge ungeschälte Sesamsamen in einer Pfanne ohne Fettzugabe goldbraun zu rösten. Anschließend auf einem Teller abkühlen lassen, im Mörser zerstoßen und in ein Schraubglas füllen.

Serviertip

Richten Sie das Pfannengemüse in blanchierten Chinakohl-Täschchen an, und reichen Sie eine Schüssel Reis dazu.

Nach koreanischer Sitte trinkt man zu diesem Gericht Bier und Mineralwasser.

ASIATISCHE TOFUPÄCKCHEN

THAILAND

Ein Genuß für Auge und Gaumen sind die mit Gemüse und Tofu gefüllten Päckchen. Appetitlich knusprig und ideal, wenn Gäste kommen, denn sie lassen sich besonders gut vorbereiten.

ZUTATEN
(Für 4 Portionen)

FÜR DIE FÜLLUNG
- 1 Bund Koriander
- 200 g Tofu
- 1 große Möhre
- 2 cm frische Ingwerwurzel
- 2 Knoblauchzehen
- ½ Bund Frühlingszwiebeln
- 50 g Sojabohnenkeime
- 1 rote Chilischote
- 3 EL Erdnußöl
- 1 TL brauner Zucker
- 2 EL helle Sojasauce
- 2 EL Reisweinessig
- Salz, schwarzer Pfeffer

FÜR DEN TEIG
- 150 g Mehl
- 3 Eier
- Salz

AUSSERDEM
- 50 g Butter und Öl zum Ausbacken

1 Koriander abbrausen, trockenschütteln, grobe Stiele entfernen und 2 EL Korianderblättchen für die Garnitur beiseite legen. Restlichen Koriander hacken. Tofu kleinwürfeln. Möhre putzen, schälen und würfeln. Ingwer und Knoblauch schälen und würfeln. Frühlingszwiebeln putzen und in feine Streifen schneiden. Sojabohnen abbrausen und abtropfen lassen. Chili längs halbieren, von Stielansatz sowie Samensträngen befreien, waschen und fein würfeln.

2 Öl in einer Pfanne erhitzen. Gemüse dazugeben und unter Rühren dünsten. Tofu unterheben und die Pfanne vom Herd ziehen. Mit Zucker, Sojasauce, Essig, Salz und Pfeffer würzen. Den Koriander untermischen.

3 Mehl mit 150 ml Wasser, Eiern und Salz zu einem dickflüssigen Teig verrühren. Butter in einer Pfanne erhitzen. Nacheinander 12 dünne Teigfladen backen. Jeweils etwas Füllung in die Mitte geben und die Ränder so einschlagen, daß kleine Päckchen entstehen.

4 Öl in Wok oder Pfanne erhitzen (siehe Kochtip). Die Päckchen mit den Nahtstellen nach unten hineinlegen. Beidseitig knusprig braten. Mit Koriander bestreut servieren.

Schritt 1

Schritt 2

Schritt 3

Zubereiten **40** Min. Garen **10** Min. Backen **30** Min.

Pro Portion: 450 kcal/1883 kJ; 17 g EW; 28 g F; 33 g KH

TYPISCH THAILÄNDISCH

In Thailand, wie in vielen asiatischen Ländern, haben Garküchen Tradition. Die angebotene Kost ist bäuerlich einfach, aber dennoch gut. Reis, Gemüse und Hülsenfrüchte stehen dabei im Vordergrund. Gegessen wird in Thailand nicht mit Stäbchen, sondern mit Löffel und Gabel, oder, wie früher, mit der rechten Hand.

Kochtip

Für einen thailändischen Wokabend bereiten Sie die Tofupäckchen wie im Rezept beschrieben vor und braten sie erst, wenn die Gäste da sind, am besten direkt am Tisch, falls Ihr Wok über eine eigene Wärmequelle verfügt. Wenn nicht, bringen Sie die fertig gebratenen Päckchen direkt im Wok an den Tisch.

Serviertip

Als Dessert eignen sich im Teigmantel gebackene Bananenstücke oder einfach Bananenchips zum Knabbern.

Servieren Sie dazu frische Fruchtsäfte, beispielsweise Ananas-, Mango- oder Papayasaft, mit Eis.

SPARGEL 3 x ANDERS

Jedes Frühjahr heiß ersehnt: die Eröffnung der Spargelsaison. Ob solo oder in Begleitung – Spargel ist immer ein Genuß.

SPARGELSALAT MIT EI

Zubereiten **20** Min. Garen **15** Min. Marinieren **30** Min.

DEUTSCHLAND

(FÜR 4 PORTIONEN)
- **500 g weißer Spargel**
- **500 g grüner Spargel**
- **Salz, 1 TL Zucker**
- **2 hartgekochte Eier**
- **1 kleine Zwiebel**
- **⅛ l Gemüsebrühe**
- **je 1 EL gehackter Kerbel und Estragon**
- **2 EL Öl**
- **1 EL Weißweinessig**
- **schwarzer Pfeffer**

1 Spargel waschen, putzen und den weißen Spargel schälen. In einem Topf Salzwasser mit ½ TL Zucker aufkochen. Den weißen Spargel darin 10 Minuten garen. Den grünen Spargel dazugeben und 5 Minuten weitergaren.

2 Eier schälen und hacken. Zwiebel schälen, fein würfeln. Spargel aus dem Wasser nehmen, abtropfen lassen. In 3 cm lange Stücke schneiden.

3 Brühe in einem Topf erwärmen. Mit Zwiebel, Kräutern, Öl und Essig verrühren und mit ½ TL Zucker, Salz und Pfeffer würzen. Spargelstücke mit den Eiern bestreuen, mit der Marinade übergießen und 30 Minuten durchziehen lassen.

BANDNUDELN

Zubereiten **20** Min.

ITALIEN

(FÜR 4 PORTIONEN)
- **500 g weißer Spargel**
- **Salz, 2 EL Butter**
- **1 Prise Zucker**
- **1 TL Zitronensaft**
- **1 Schalotte**
- **1 Knoblauchzehe**
- **100 g gekochter Schinken**
- **400 g grüne Bandnudeln**
- **300 g Schlagsahne**
- **schwarzer Pfeffer**
- **einige Basilikumblättchen**

1 Spargel waschen, putzen und schälen. In einem Topf Salzwasser zum Kochen bringen. 1 TL Butter, Zucker und Zitronensaft hinzufügen. Spargel darin 12-15 Minuten garen.

MIT SPARGEL

Garen **30** Min.

2 Schalotte und Knoblauch schälen und fein würfeln. Den Schinken in kleine Würfel schneiden. Den Spargel aus dem Wasser nehmen, in einem Sieb abtropfen lassen und in 3 cm lange Stücke schneiden.

3 In einem Topf Salzwasser zum Kochen bringen und Nudeln nach Packungsanleitung darin garen. In ein Sieb gießen, abtropfen lassen, warm halten.

4 Restliche Butter in einem Topf zerlassen. Schalotte, Knoblauch und Schinken darin andünsten und mit der Sahne aufgießen. Spargel hinzufügen. Mit Salz und Pfeffer würzen. Die Nudeln mit Sauce anrichten und mit Basilikum garnieren.

WEISS-GRÜNES SPARGELGRATIN

Zubereiten **20** Min. Garen **15** Min. Backen **20** Min.

FRANKREICH

(FÜR 4 PORTIONEN)

- 800 g weißer Spargel
- 800 g grüner Spargel
- Salz, 2 EL Butter
- 1 Prise Zucker
- 2 EL gehackte Petersilie
- 200 g Crème fraîche
- 2 Eier
- 150 g geriebener Gruyère
- 2 EL Semmelbrösel
- 2 EL Butterflöckchen

AUSSERDEM

- Butter für die Form

1 Spargel waschen, putzen und den weißen Spargel schälen. In einem Topf Salzwasser mit 1 TL Butter und Zucker zum Kochen bringen. Den weißen Spargel hineingeben und bei mittlerer Hitze 10 Minuten garen. Dann den grünen Spargel dazugeben und alles 5 Minuten weitergaren.

2 Petersilie mit Crème fraîche und Eiern verrühren. Backofen auf 200 °C vorheizen. Den Spargel aus dem Wasser nehmen und in einem Sieb kurz abtropfen lassen. Eine feuerfeste Form ausfetten.

3 Spargel mit dem Käse in die Form schichten, die Crème-fraîche-Masse darübergeben. Mit Semmelbröseln bestreuen und mit Butterflöckchen belegen. Im Ofen (Gas 3; Umluft 180 °C) 20 Minuten gratinieren.

BULGUR-SALAT MIT KRÄUTERN

JORDANIEN

Die Küche Jordaniens präsentiert sich mit einer sättigenden Vollwert-Delikatesse aus Weizen, aromatischen Tomaten, viel frischen Kräutern und dem erfrischenden Saft von Zitronen.

ZUTATEN

(Für 4 Portionen)

- 200 g Bulgur (siehe Zutatentip)
- 1 TL Salz
- Saft von 2 Zitronen
- 2 Bund glatte Petersilie
- 1 Bund Minze
- ½ Bund Frühlingszwiebeln
- 3 Tomaten
- 1 kleine Salatgurke
- 2-3 EL Olivenöl
- Salz, schwarzer Pfeffer

AUSSERDEM

- 4 Zweige Minze

ZUTATENTIP

Bulgur ist vorgekochter und wieder getrockneter, geschälter, grob zerkleinerter Weizen. Er ist gut lagerfähig und ganz leicht herzustellen. Sie können den Salat aber auch mit 200 g Naturreis zubereiten.

1 Den Bulgur in kaltem Wasser so lange wässern, bis das Wasser klar bleibt. Dann in eine Schüssel geben, mit kaltem Salzwasser bedecken und etwa 3 Stunden quellen lassen.

2 Den aufgequollenen Bulgur in ein Sieb geben und gründlich abtropfen lassen (siehe Kochtip). Dann in einer Schüssel mit dem Zitronensaft mischen. Die Petersilie und die Minze kurz unter kaltem Wasser abbrausen, trockenschütteln und fein zerkleinern.

3 Von den Frühlingszwiebeln die Wurzeln und das grüne Ende entfernen, das weiße und zarte Grün fein schneiden. Die Tomaten waschen und ohne Stielansätze in kleine Würfel schneiden. Die Gurke schälen, längs halbieren, entkernen und würfeln.

4 Das Gemüse, die Kräuter und das Olivenöl mit dem Bulgur vorsichtig vermischen. Mit Salz und Pfeffer würzen. Den Salat mit Frischhaltefolie bedecken und etwa 1 Stunde in den Kühlschrank stellen. Mit den Minzezweigen garnieren und servieren.

Schritt 2

Schritt 3

Schritt 4

Zubereiten **30** Min. Quellen **3** Std.
Kühlen **1** Std.

Pro Portion: 255 kcal/1067 kJ;
7 g EW; 10 g F; 34 g KH

TYPISCH JORDANISCH

In einem trockenen, sehr heißen Land wie Jordanien ist es nur allzu verständlich, daß ein Großteil der täglichen Nahrung aus kalt zubereiteten Speisen besteht. Frisches Taboule, Gemüse und Fladenbrot sind in den Haushalten praktisch immer vorhanden. Und dazu natürlich Humus, die beliebte Kichererbsenpaste.

Kochtip

Zum Abgießen des Weizenschrots gut geeignet sind engmaschige Siebe, im Fachhandel Haarsiebe genannt. Es gibt sie in den verschiedensten Größen und aus vielerlei Materialien zu kaufen. Im Nahen Osten werden zur Zubereitung von Taboule – dort ein Nationalgericht – Spezialschüsseln mit Siebeinsatz verwendet.

Serviertip

Servieren Sie als Vorspeise kalte Avocadosuppe mit Paprikawürfeln und zum Bulgur-Salat frisches Fladenbrot.

In Jordanien trinkt man gerne Arák zum Essen, ein Anisschnaps, der mit Eiswasser aufgegossen wird.

SERVIERTIP Richten Sie die Bällchen mit gerösteten Fladenbrotstücken auf frischen Blattsalaten an.

Als Getränk eignet sich Weißwein oder Fruchtsirup, der mit Eiswasser vermischt wird.

Fleischbällchen mit Minze

Israel

Fleischbällchen aller Art sind im gesamten Nahen Osten ausgesprochen beliebt. Diese Kombination von Lammhackfleisch, Minze und Zitronensaft zergeht buchstäblich auf der Zunge.

Zutaten

(Für 4 Portionen)

- 50 g Pinienkerne
- 1 Bund Minze
- ½ Bund glatte Petersilie
- 2 Knoblauchzehen
- 1 kleine Zwiebel
- 100 g altbackenes Fladenbrot
- 800 g Lammhackfleisch (siehe Zutatentip)
- 1 Ei
- Saft von ½ Zitrone
- 1 TL gemahlenes Piment
- 1 Prise Chayennepfeffer
- 1 TL gemahlener Kreuzkümmel
- Salz, schwarzer Pfeffer
- 5 EL Öl

Zutatentip

Statt Lammhackfleisch können Sie auch gemischtes Hackfleisch verwenden.

1 Die Pinienkerne in einer Pfanne ohne Fett leicht rösten, dann auf einen Teller geben und kurz abkühlen lassen. Danach in einem Mörser zerkleinern.

Schritt 1

2 Die Minze und die Petersilie unter kaltem Wasser abbrausen, trockenschütteln und ohne die groben Stiele hacken. Den Knoblauch und die Zwiebel schälen und würfeln.

3 Das Fladenbrot in einer Schüssel kurz in kaltem Wasser einweichen. Dann ausdrücken und mit dem Hackfleisch verkneten. Die Pinienkerne, den Knoblauch, die Zwiebel, die Kräuter, das Ei, den Zitronensaft und die Gewürze dazugeben und alles gut vermischen. Nochmals abschmecken.

Schritt 3

4 Die Hände kurz in Wasser tauchen und aus der Hackmasse Bällchen mit einem Durchmesser von etwa 3 cm formen. Das Öl in einer Pfanne erhitzen und die Fleischbällchen darin unter mehrmaligem Wenden rundherum in etwa 10 Minuten braten.

Schritt 4

Zubereiten **30** Min. Braten **10** Min.
Pro Portion: 580 kcal/2427 kJ;
45 g EW; 38 g F; 14 g KH

Typisch israelisch

Biblische Vorschriften über koscheres, was soviel wie taugliches Essen bedeutet, werden in Israel meist nur von streng orthodoxen Juden befolgt. Mit knapp 20 Prozent stellen diese jedoch eine Minderheit dar. Moderne Israelis gestalten ihren Speisezettel gerne international.

LAMMKÜCHLEIN IM SPINATMANTEL

NIGERIA

Kleine Päckchen aus Blattspinat und Lammhackfleisch, mit Chili, Piment und Zimt köstlich gewürzt und mit Sultaninen und Ananassaft leicht gesüßt, machen großen Appetit.

ZUTATEN
(Für 4 Portionen)

- 150 g große Spinatblätter (siehe Zutatentip)
- Salz, schwarzer Pfeffer
- 100 g Sultaninen
- 3 EL Ananassaft
- 50 g Fladenbrot oder Weißbrot
- 50 g Joghurt (3,5 % Fett)
- 4 Frühlingszwiebeln
- 1 rote Chilischote (siehe Kochtip)
- 2 Knoblauchzehen
- 500 g Lammhackfleisch
- 1 TL gemahlener Zimt
- 1 TL gemahlenes Piment
- 5 EL Erdnußöl
- ½ l Fleisch- oder Gemüsebrühe

ZUTATENTIP
Anstatt mit Spinatblättern können Sie dieses Gericht auch mit frischen Mangoldblättern zubereiten.

1 In einem großen Topf Salzwasser zum Kochen bringen. Den Spinat verlesen, waschen und kurz im kochenden Wasser blanchieren. In ein Sieb abgießen, kalt abbrausen und abtropfen lassen. Die Blätter nebeneinander auf eine Arbeitsfläche legen.

Schritt 1

2 Die Sultaninen mit dem Ananassaft beträufeln. Das Fladenbrot würfeln und mit Joghurt vermischen. Von den Frühlingszwiebeln die Wurzeln und das grüne Ende entfernen, gründlich waschen und fein schneiden. Die Chili halbieren, von Stielansatz sowie Samensträngen befreien, gut waschen und fein hacken (siehe Kochtip).

Schritt 2

3 Den Knoblauch schälen und hacken. Mit dem Fleisch, der Brotmasse, den Frühlingszwiebeln, dem Chili und den Sultaninen mischen. Mit Salz, Pfeffer, Zimt und Piment würzen. Aus dem Teig 12 kleine flache Küchlein formen. Je nach Größe mit 1-2 Spinatblättern umwickeln (siehe Kochtip).

Schritt 3

4 Das Öl in einem Topf erhitzen. Die Küchlein darin rundherum kurz anbraten. Die Brühe angießen, alles kurz aufkochen lassen. Dann die Hitze reduzieren und die Küchlein bei schwacher Hitze etwa 20 Minuten garen.

Zubereiten **30** Min. Garen **20** Min.
Pro Portion: 500 kcal/2092 kJ;
27 g EW; 33 g F; 24 g KH

TYPISCH NIGERIANISCH
Auf den Märkten Nigerias bieten meist Frauen all die Waren feil, die zur Bewerkstelligung des Haushalts und der Ernährung der Familie nötig sind: Gewürze, Hülsenfrüchte, Getreide und Gerätschaften aller Art. Transportiert wird der Einkauf mit Eleganz und Gefühl auf dem Kopf, in eigens hierzu mitgebrachten Schüsseln.

Kochtip

- Ist die Zeit einmal knapp, können Sie die Spinatblätter auch hacken und unter den Fleischteig mischen. Die Küchlein wie gewohnt, aber ohne Mantel, braten.
- Wenn Kinder mitessen, sollten Sie die Chilischote besser weglassen und nur vorsichtig mit Cayennepfeffer würzen oder ganz auf Schärfe verzichten.

Serviertip

Ein ansprechendes Dessert: frische Ananas, geviertelt und in mundgerechte Häppchen unterteilt.

Servieren Sie Bier zu den Küchlein und danach eine schöne Tasse Kaffee der Sorte Arabica.

Marokkanische Gemüse-Tadschin

Marokko

ZUTATEN
(Für 4 Portionen)

- 1 Aubergine (250 g)
- Salz, schwarzer Pfeffer
- 1 Zucchini (250 g)
- 1 große Zwiebel
- 6 Knoblauchzehen
- 1 rote Chilischote
- 500 g vorwiegend festkochende Kartoffeln
- 4 EL Olivenöl
- 250 g Rinderhackfleisch
- 2 EL Tomatenmark
- ¾ l Rinderbrühe
- ½ TL gemahlener Zimt
- 1 TL gemahlener Kreuzkümmel
- ½ TL gemahlener Koriander
- 2 zerstoßene Nelken

AUSSERDEM

- 1 Bund Petersilie zum Garnieren

Die arabische Küche versteht es zu würzen. Das beweist dieses Rezept: Gemüse, Kartoffeln und Hackfleisch erhalten durch Zimt, Koriander und Kreuzkümmel ein erlesenes Aroma.

1 Aubergine waschen, putzen und in etwa 2 cm große Würfel schneiden. Mit Salz bestreuen und etwa 10 Minuten ziehen lassen.

Schritt 1

2 Inzwischen Zucchini waschen, putzen, längs halbieren und quer in 1 cm dicke Scheiben schneiden. Zwiebel und Knoblauch schälen und würfeln. Chilischote halbieren, von Stielansatz und Samensträngen befreien, waschen und kleinhacken. Kartoffeln schälen und in etwa 1 cm große Würfel schneiden.

3 Olivenöl in einem Topf erhitzen. Zwiebel, Knoblauch und Chili darin unter Rühren glasig werden lassen. Dann Auberginen und Zucchini dazugeben. Alles bei starker Hitze etwa 5 Minuten anbraten. Hackfleisch hinzufügen und krümelig braten. Tomatenmark unterrühren. Mit Salz und Pfeffer würzen.

Schritt 3

4 Die Brühe angießen, alles aufkochen lassen und die Kartoffeln dazugeben. Mit Zimt, Kreuzkümmel, Koriander und Nelken würzen. Zugedeckt bei mittlerer Hitze etwa 15 Minuten köcheln lassen, bis die Kartoffeln gar sind. Die Petersilie abbrausen, trockenschütteln und ohne die groben Stiele hacken. Den Gemüsetopf damit bestreuen.

Schritt 4

Zubereiten **30** Min. Garen **15** Min.
Pro Portion: 412 kcal/1724 kJ;
20 g EW; 24 g F; 29 g KH

Typisch marokkanisch

Auberginen haben meist eine dunkelviolette Schale und sind in Marokko überaus beliebt. Dort werden daraus, unter anderem, leckere Gerichte wie Gemüse-Tadschin bereitet. In der Vielfalt der Zubereitung kennt man dabei keine Grenzen, und so werden die ovalen Eierfrüchte immer wieder neu kombiniert.

KOCHTIP

Das marokkanische Gemüsegericht können Sie auch im Römertopf zubereiten. Dazu den Topf etwa 1 Tag wässern. Gemüse und Fleisch wie beschrieben anbraten und mit den Kartoffeln und Gewürzen in den Topf geben. Die Brühe weglassen. Im Backofen 1 Stunde bei 200 °C (Gas 3; Umluft 230 °C) schmoren lassen.

SERVIERTIP

Dazu unbedingt mit Sesam bestreutes Fladenbrot reichen. Sie können es vor dem Servieren noch kurz aufbacken.

Das Nationalgetränk »Schai Nana«, Schwarztee mit reichlich Zucker und Minzeblättchen, reichen.

GEFÜLLTE ARTISCHOCKEN MIT KRABBEN

PORTUGAL

Die mit Tomaten, Reis und Krabben gefüllten Artischocken läßt man sich in Portugal nicht nur zu einem besonderen Anlaß schmecken, sondern auch zwischendurch als leckere Mahlzeit.

ZUTATEN

(Für 4 Portionen)

- 8 kleine, junge Artischocken
- Salz, schwarzer Pfeffer
- Saft von 1 Zitrone
- 100 g Reis, 2 Tomaten
- ½ Bund glatte Petersilie
- 1 große Zwiebel
- 2 Knoblauchzehen
- 150 g Räucherspeck
- 85 g grüne, mit Sardellen gefüllte Oliven
- 3 EL Olivenöl
- 100 g Krabben
- 200 g geriebener Alvorca-Käse (siehe Zutatentip)
- ⅛ l Weißwein

ZUTATENTIP

Statt Alvorca-Käse können Sie auch spanischen Manchego-Käse verwenden. Es gibt ihn im Fachgeschäft oder an der Käsetheke im Supermarkt.

1 Von den Artischocken die Stiele enfernen und das obere Drittel der Blätter abschneiden. In einem Topf Salzwasser mit dem Zitronensaft zum Kochen bringen. Artischocken darin etwa 20 Minuten garen. Den Reis nach Packungsanleitung garen (siehe Kochtip).

Schritt 1

2 Tomaten kurz blanchieren, enthäuten und würfeln. Petersilie abbrausen, trockenschütteln und ohne grobe Stiele kleinhacken. Danach Zwiebel und Knoblauch schälen und würfeln. Speck würfeln und Oliven in Scheiben schneiden. Die Artischocken in ein Sieb geben, gut abtropfen lassen und das Heu entfernen. Den Backofen auf 200 °C vorheizen.

Schritt 2

3 Speck in einer Pfanne glasig werden lassen. Das Öl dazugeben. Tomaten, Zwiebel und Knoblauch darin bei mittlerer Hitze etwa 10 Minuten dünsten. Dann mit Reis, Petersilie, Oliven, Krabben und 100 g Käse mischen. Mit Salz und Pfeffer würzen.

Schritt 4

4 Die Artischocken mit der Mischung füllen und dabei die Blätter weit auseinanderdrücken. Dann nebeneinander in einen Bräter setzen. Mit dem restlichen Käse bestreuen. Seitlich den Wein angießen. Im Ofen (Gas 3; Umluft 180 °C) 30 Minuten überbacken.

Zubereiten **40** Min. Garen **20** Min. Backen **30** Min.

Pro Portion: 834 kcal/3489 kJ; 29 g EW; 58 g F; 49 g KH

TYPISCH PORTUGIESISCH

Abends nach einer ausgiebigen Mahlzeit wird in Portugal manchmal die Gitarre ausgepackt und »Fado« gespielt. Melancholischer Gesang, der traurige Geschichten erzählt, begleitet die Melodie der Gitarre. Ursprünglich wurde der Fado auf den Straßen dargeboten. Heute kann man ihn fast nur in besonderen Lokalen hören.

KOCHTIP

Den Reis in eine Tasse geben und die doppelte Menge Wasser abmessen. Beides in einen Topf geben und mit etwa ½ TL Salz zum Kochen bringen. Nach Belieben noch Butter dazugeben. Die Hitze reduzieren und den Reis zugedeckt etwa 15 Minuten köcheln lassen. Wenn nötig, in ein Sieb geben und abtropfen lassen.

SERVIERTIP

Eiermilch mit Zucker, Zitronenschale und Wein verfeinern. Brotscheiben darin tunken und in Butter ausbraten.

Ein portugiesischer Landwein, am besten ein gut gekühlter Rosé, mundet sehr gut dazu.

ANDALUSISCHES ORANGEN-HÄHNCHEN

SPANIEN

Dieses Gericht verströmt einen feinen Duft von knusprigem Hähnchen, spanischem Sherry und süßen Orangen. Oliven mit Paprikafüllung bilden dazu einen wunderbaren Kontrast.

ZUTATEN
(Für 4 Portionen)

- 1 Hähnchen (etwa 1,2 kg)
- Salz, schwarzer Pfeffer
- 1 Msp. Cayennepfeffer
- 1 TL getrockneter Thymian
- 3 Knoblauchzehen
- 2 unbehandelte Orangen
- 6 EL Olivenöl
- 100 ml Fino-Sherry (siehe Zutatentip)
- 300 ml Geflügelbrühe
- 50 g grüne, mit Paprika gefüllte Oliven
- ½ Bund Minze

AUSSERDEM

- Mehl zum Wenden

ZUTATENTIP

Der trockene Fino-Sherry ist in gut sortierten Supermärkten oder im Fachgeschäft erhältlich. Er hat einen Alkoholgehalt von 15-17 Vol. %.

1 Hähnchen in 4 Teile schneiden, waschen und mit Küchenpapier trockentupfen. Mit Salz, Pfeffer, Cayennepfeffer und Thymian würzen. In Mehl wenden, dabei überschüssiges Mehl abklopfen. Knoblauchzehen schälen und fein würfeln. 1 Orange heiß waschen, trockenreiben und zur Hälfte die Schale fein abreiben. Backofen auf 225 °C vorheizen.

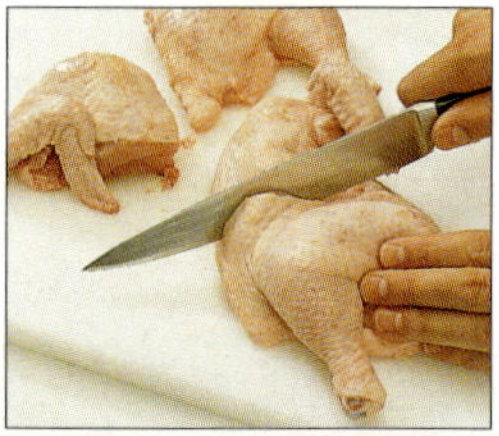

Schritt 1

2 Das Öl in einem Bräter erhitzen und den Knoblauch darin glasig werden lassen. Die Hähnchenteile hineinlegen und rundherum knusprig anbraten. Mit dem Sherry ablöschen und die Brühe angießen. Die Orangenschale dazugeben und alles kurz aufkochen lassen. Alles im Ofen (Gas 4; Umluft 200 °C) etwa 40 Minuten garen.

Schritt 2

3 Die Orangen schälen, so daß die weiße Haut mit entfernt wird, und filetieren (siehe Kochtip). Die Oliven vierteln. Die Minze abbrausen, trockenschütteln und fein schneiden. Das Hähnchen auf Teller verteilen. Den Bratenfond durch ein Sieb in einen Topf gießen und aufkochen lassen. Die Orangenfilets, die Oliven und die Minze dazugeben. Mit Salz und Pfeffer würzen. Die Sauce über das Hähnchen geben, sofort servieren.

Schritt 3

Zubereiten **20** Min. Garen **40** Min.
Pro Portion: 799 kcal/3344 kJ;
57 g EW; 59 g F; 10 g KH

TYPISCH SPANISCH

Oliven, die pflaumenförmigen, etwa 2 cm großen Steinfrüchte des Olivenbaumes, werden in vielen Gegenden Spaniens angebaut. Sie variieren in ihrer Farbe von grün über violett bis schwarz und werden entsteint, aber auch mit Paprika, Sardellen oder Mandeln gefüllt angeboten. Als Konservierung dient Essig oder Salz.

KOCHTIP

Zum Schälen der Orangen ein sehr scharfes Messer verwenden und die Schale großzügig damit entfernen. Dann die Filets zwischen den Häutchen herauslösen. Noch besser geht es mit einem speziellen Orangenschäler, da er durch seine gebogene Form ideal dafür ist. Sie erhalten ihn im Haushaltswarengeschäft.

SERVIERTIP

Zu dem andalusischen Orangen-Hähnchen passen knusprig fritierte Kartoffelscheiben wunderbar.

Einen katalanischen Schaumwein vorweg, zum Hähnchen einen Rotwein aus Narvarra reichen.

Champignon-Risotto »Perugia«

Italien

Frische Champignons und Erbsen reichern diesen cremigen, mit Weißwein veredelten Risotto aus dem Norden Italiens an. Ein gelungener Auftakt zum Mittag- oder Abendessen.

ZUTATEN
(Für 4 Portionen)

- 2 Zwiebeln
- 2 Knoblauchzehen
- 300 g Champignons (siehe Zutatentip)
- 40 g Butter
- 300 g Risottoreis (z. B. Arborio)
- ½ l Brühe, ½ l Tomatensaft
- ⅛ l trockener Weißwein
- 250 g Tiefkühl-Erbsen
- 50 g geriebener Parmesan
- Salz, schwarzer Pfeffer

AUSSERDEM

- gehobelter Parmesan und Petersilienblättchen zum Garnieren

Zutatentip

Lecker schmeckt der Risotto auch mit Steinpilzen. Bei Verwendung von getrockneten Steinpilzen etwa 60 g für 100 g frische Pilze rechnen.

1 Die Zwiebeln und den Knoblauch schälen und fein hacken. Die Pilze abreiben, putzen und vierteln (siehe Kochtip).

2 Die Butter in einem Topf aufschäumen lassen. Die Zwiebeln und den Knoblauch darin unter Rühren bei mittlerer Hitze in etwa 3 Minuten goldgelb andünsten. Die Pilze hinzufügen und goldbraun anbraten. Dann den Reis dazugeben und unter ständigem Rühren etwa 3 Minuten andünsten.

3 Inzwischen die Brühe, den Tomatensaft und den Wein in einem anderen Topf aufkochen lassen, dann die Hitze reduzieren. Etwa ½ l der heißen Brühe-Saft-Mischung zum Reis dazugeben. Unter gelegentlichem Rühren offen köcheln lassen, bis alle Flüssigkeit aufgesogen ist (siehe Kochtip).

4 Die übrige Brühe-Saft-Mischung und die unaufgetauten Erbsen zum Reis geben. Alles unter mehrmaligem Umrühren 10 Minuten offen köcheln lassen, bis alle Flüssigkeit aufgesogen ist und die Erbsen gar sind. Den Käse unterrühren. Salzen und pfeffern. Mit Parmesanspänen und Petersilie garnieren.

Schritt 1

Schritt 2

Schritt 3

Zubereiten **1** Std.
Pro Portion: 500 kcal/2100 kJ;
18 g EW; 14 g F; 71 g KH

Typisch italienisch

Frische Zutaten, wie Pilze jeder Art, Gemüse, Kräuter und Meeresfrüchte, die auf den italienischen Märkten täglich frisch angeboten werden, verwandeln Risotto immer wieder neu. In den üppig-grünen Reisfeldern der Po-Ebene wächst der für Risotto verwendete Arborio- und Vialone-Reis mit seinen dicken Körnern.

Kochtip

- Pilze niemals waschen, sondern immer mit einem feuchten Tuch oder mit Küchenpapier abreiben, sonst saugen sie sich mit Wasser voll und schmecken nicht.
- Das Geheimnis eines guten Risottos liegt im ständigen Rühren. Nur dadurch geben die Reiskörner genügend Stärke ab, die die Flüssigkeit gut bindet.

Serviertip

Als appetitanregende Vorspeise Melonenspalten mit jeweils einer Scheibe Parmaschinken servieren.

Dazu paßt ein Weißwein, wie Breganze Bianco, oder leichter Rotwein, wie Bardolino.

Makkaroni mit Frühlingsgemüse

Italien

Ein exquisites Trio aus Zucchini, Zuckerschoten und Champignons begleitet die Makkaroni, macht Appetit auf die Küche Italiens. Frisch geriebener Parmesan darf dabei nicht fehlen.

ZUTATEN
(Für 4 Portionen)

- 1 Zwiebel
- 2 Knoblauchzehen
- 1 Zucchini
- 200 g Zuckerschoten
- Salz, schwarzer Pfeffer
- 200 g Champignons
- 400 g Makkaroni
- 4 EL Olivenöl
- 1 TL italienische Kräutermischung (siehe Zutatentip)
- 200 g Schlagsahne
- 100 g geriebener Parmesan

AUSSERDEM

- Oreganoblättchen zum Garnieren

Zutatentip

Eine italienische Kräutermischung enthält getrocknete Kräuter, wie Oregano, Basilikum, Salbei und Thymian.

1 Die Zwiebel und den Knoblauch schälen und fein würfeln. Die Zucchini waschen, putzen, längs halbieren und quer in dünne Scheiben schneiden. In einem Topf Salzwasser zum Kochen bringen. Die Zuckerschoten waschen, putzen und in dem Salzwasser kurz blanchieren. In ein Sieb abgießen, mit kaltem Wasser abschrecken und abtropfen lassen.

Schritt 1

2 Die Pilze putzen und mit einem feuchten Tuch abreiben. Dann in dünne Scheiben schneiden. Reichlich Salzwasser zum Kochen bringen. Die Makkaroni darin nach Packungsanleitung bißfest garen (siehe Kochtip).

Schritt 2

3 Öl in einer großen Pfanne erhitzen. Zwiebel und Knoblauch darin glasig werden lassen. Zucchini, Zuckerschoten und Champignons hinzufügen und unter mehrmaligem Wenden 10 Minuten dünsten. Mit Salz, Pfeffer und Kräutermischung würzen. Schlagsahne angießen. Alles 10 Minuten kochen lassen.

Schritt 3

4 Die Makkaroni in ein Sieb abgießen und abtropfen lassen. Auf 4 vorgewärmte Teller verteilen. Die Gemüsesauce nochmals abschmecken und gleichmäßig über den Nudeln verteilen. Mit Käse bestreuen und mit den Oreganoblättchen garniert servieren.

Zubereiten **20** Min. Garen **20** Min.

Pro Portion: 737 kcal/3084 kJ;
26 g EW; 37 g F; 75 g KH

Typisch italienisch

Im Pasta-Land Italien lassen es sich Hausfrauen und Hobbyköche nicht nehmen, ihre Lieben mit hausgemachten Nudeln aus besten Zutaten zu verwöhnen. So entstehen aus Hartweizengrieß oder Mehl, Wasser und manchmal auch Eiern unter geübten Händen die köstlichsten Teigwaren von Cannelloni bis Tortellini.

Kochtip

Um Nudeln perfekt zu kochen, sollten Sie folgendes beachten: Für 100 g Nudeln etwa 1-2 l Salzwasser verwenden. Das Salzwasser muß kochen, bevor die Nudeln hineingegeben werden. Außerdem verhindert die Zugabe von 1 EL Öl das Überkochen und gelegentliches Umrühren, daß die Nudeln kleben.

Serviertip

Als vitaminreiche Vorspeise paßt ein herb-würziger Rucolasalat mit Tomatenachteln und Pinienkernen.

Ein roter Valpolicella oder ein weißer Verdicchio aus Italien paßt ausgezeichnet zu den Nudeln.

SERVIERTIP Die gefüllten Zucchinihälften eignen sich auch gut als Beilage zu Hackfleischbällchen.

Dazu paßt ein gut gekühlter weißer Demestica oder auch leicht gesüßter Pfefferminztee.

ZUCCHINISCHIFFCHEN MIT ZITRONENSAUCE

GRIECHENLAND

Ausgehöhlte Zucchini, gefüllt mit einer körnig-würzigen Reisfüllung, schmoren sanft in Brühe. Eine cremige Zitronensauce und Kräuter sorgen für säuerlichen Kontrast zum Gemüse.

ZUTATEN
(Für 4 Portionen)

- 4 Zucchini (siehe Zutatentip)
- 1 kleine Zwiebel
- 1 Knoblauchzehe
- 4 EL Olivenöl
- 75 g Langkornreis
- ¾ l Brühe
- Salz, schwarzer Pfeffer
- ½ Bund Petersilie
- 4-5 Zweige Minze
- 2 Eier
- Saft von 1 Zitrone
- 1 Prise Cayennepfeffer

AUSSERDEM

- 4 Zweige Minze zum Garnieren

ZUTATENTIP

Kaufen Sie möglichst gleichmäßig gewachsene Früchte. Diese lassen sich am einfachsten aushöhlen und füllen.

1 Die Zucchini waschen, putzen, längs halbieren und mit einem Teelöffel vorsichtig aushöhlen. Dann das ausgelöste Fruchtfleisch in kleine Würfel schneiden.

Schritt 1

2 Die Zwiebel und den Knoblauch schälen und kleinhacken. Das Öl in einer Pfanne erhitzen und beides darin glasig werden lassen. Das Zucchinifruchtfleisch und den Reis dazugeben und mitdünsten. Dann 150 ml Brühe angießen. Alles mit Salz und Pfeffer würzen und zugedeckt 10 Minuten garen.

3 Die Kräuter abbrausen, trockenschütteln und hacken. 1 EL Minze und 2 EL Petersilie unter die Reismischung rühren. Dann die Zucchinihälften damit füllen und nebeneinander in einen breiten Topf legen. Die übrige Brühe angießen. Zucchinihälften darin zugedeckt bei schwacher Hitze 20 Minuten garen.

Schritt 3

4 Je 2 Zucchinihälften auf 4 Teller heben. Die Eier trennen und die Eiweiße steif schlagen. Die Eigelbe verquirlen und mit dem Zitronensaft und ¼ l Brühe aus dem Topf unter den Eischnee rühren. Mit Salz, Pfeffer und Cayennepfeffer würzen. Die Sauce über die Zucchini gießen. Mit den restlichen Kräutern bestreuen und mit Minze garnieren.

Schritt 4

Zubereiten 30 Min. Garen 30 Min.
Pro Stück: 240 kcal/1004 kJ;
9 g EW; 15 g F; 19 g KH

TYPISCH GRIECHISCH

Die Griechen verstehen sich auf Gemüse – das wird jeder bestätigen, der das gastfreundliche Land schon einmal bereist hat. Oft kommen die gesunden Sattmacher mit einer Füllung auf den Tisch. Neben Zucchini sind dafür auch Paprika, Tomaten und Auberginen überaus beliebt.

Kebab-Spiesse mit Joghurtdip

Türkei

Die türkische Küche bietet leckere Fleischgerichte: Lammfleisch wird mit Gemüse auf Spieße gesteckt und gegrillt. Dazu wird eine erfrischend-leichte Joghurtsauce zum Dippen gereicht.

ZUTATEN
(Für 4 Portionen)

FÜR DIE MARINADE
- 2 große Zwiebeln
- 100 ml Olivenöl
- Saft von ½ Zitrone
- 1 EL Tomatenmark
- 1 EL getrockneter Thymian
- 2 Lorbeerblätter

FÜR DIE SPIESSE
- 600 g mageres Lammfleisch
- 1 Aubergine
- 2 Zucchini

FÜR DEN JOGHURTDIP
- 1 Bund Dill
- 1 große Zwiebel
- 500 g Joghurt
- Salz, schwarzer Pfeffer

AUSSERDEM
- 4 Grillspieße
- 1 Fladenbrot

1 Für die Marinade Zwiebeln schälen und fein reiben. Mit Öl, Zitronensaft, Tomatenmark und Thymian verrühren. Lammfleisch in 3 cm große Würfel schneiden, in eine Schüssel geben und mit Marinade und Lorbeerblättern mischen. Zugedeckt im Kühlschrank 8 Stunden marinieren.

Schritt 1

2 Backofengrill aufheizen. Für den Dip Dill abbrausen, trockenschütteln und hacken. Zwiebel schälen und kleinwürfeln. Joghurt mit Zwiebel und Dill verrühren. Mit Salz und Pfeffer abschmecken. Aubergine und Zucchini waschen und putzen. Zucchini in 2 cm dicke Scheiben schneiden. Aubergine zuerst der Länge nach in Scheiben, dann in 2 cm große Würfel schneiden.

Schritt 2

3 Das Fleisch aus der Marinade nehmen und abwechselnd mit dem Gemüse auf die Spieße stecken. Auf dem Gitterrost im Ofen 20 Minuten grillen. Die Marinade salzen und pfeffern und die Spieße mehrmals damit bepinseln (siehe Kochtip).

Schritt 3

4 Das Fladenbrot vierteln und 5 Minuten vor Ende der Grillzeit auf den Gitterrost legen. Die Fleischspieße zusammen mit dem Joghurtdip und den Brotvierteln servieren.

Zubereiten **25** Min. Grillen **20** Min.
Marinieren **8** Std.
Pro Portion: 512 kcal/2142 kJ; 40 g EW; 28 g F; 25 g KH

Typisch türkisch

Lammfleisch spielt in der türkischen Küche eine wichtige Rolle. Ob als Grillspieße oder deftiges Ofengericht mit Gemüse, es gibt für das wohlschmeckende Fleisch viele Zubereitungsarten. Wer in Eile ist, braucht darauf nicht zu verzichten, denn nicht nur in Großstädten bieten Kebabverkäufer gegrilltes Lamm an.

Kochtip

- Wer keine Grillspieße hat, kann hölzerne Schaschlikspieße nehmen. Diese vorher 10 Minuten wässern, sonst können sie beim Grillen verbrennen.
- Damit das Gargut nicht austrocknet, ist es wichtig, daß Sie die Spieße öfters mit der Marinade bestreichen und nach etwa 10 Minuten wenden.

Serviertip

Tomatensalat mit Zwiebelringen, Basilikum und Schnittlauchröllchen bietet sich als leichte Beilage an.

Als Aperitif oder, nach Belieben, auch als Digestif mit Eiswasser aufgegossenen Raki servieren.

*S*OUFFLÉ 3 x ANDERS

Die luftig-leichten Verführer zergehen sofort auf der Zunge und dürfen natürlich auf keiner Festtagstafel fehlen.

KOHLRABISOUFFLÉ

Zubereiten **30** Min. Garen **10** Min. Backen **20** Min.

DEUTSCHLAND

(FÜR 4 PORTIONEN)
- **2 EL Butter, 1 EL Mehl**
- **150 g Schlagsahne**
- **400 g Kohlrabi**
- **1 EL Zitronensaft**
- **Salz, weißer Pfeffer, 4 Eier**
- **geriebene Muskatnuß**

AUSSERDEM
- **8 Souffléförmchen (10 cm Ø)**
- **Butter und Semmelbrösel für die Förmchen**

1 Butter in einem Topf zerlassen. Mehl darin anschwitzen. Schlagsahne angießen und alles unter Rühren einköcheln lassen.

2 Kohlrabi putzen, schälen und in Scheiben schneiden. Kohlrabiblätter hacken. Scheiben mit Zitronensaft beträufeln. In kochendem Salzwasser etwa 10 Minuten garen. Abtropfen lassen, dann pürieren.

3 Den Backofen auf 200 °C vorheizen. Die Förmchen mit Butter ausfetten und mit Bröseln ausstreuen. Eier trennen. Eigelbe, Kohlrabipüree und -blättchen in die Sauce geben. Mit Salz, Pfeffer und Muskat würzen. Eiweiße steif schlagen und unterheben.

4 Kohlrabimasse in Förmchen füllen. Im Ofen (Gas 3; Umluft 180 °C) 20 Minuten backen. Herausnehmen, kurz abkühlen lassen. Auf Teller gleiten lassen.

SPINAT

Zubereiten **45** Min.

ÖSTERREICH

(FÜR 4 PORTIONEN)
- **800 g Tiefkühl-Blattspinat**
- **1 große Zwiebel**
- **2 Knoblauchzehen**
- **3 altbackene Brötchen**
- **50 g Butter, 30 g Mehl**
- **¼ l Milch**
- **Salz, schwarzer Pfeffer**
- **geriebene Muskatnuß**
- **4 Eier, 150 g geriebener Emmentaler**

AUSSERDEM
- **8 Souffléförmchen (10 cm Ø)**
- **Butter und Semmelbrösel für die Förmchen**

1 Spinat auftauen. In einem Sieb abtropfen lassen, gut ausdrücken und fein hacken.

SOUFFLÉ

Backen **55** Min.

Zwiebel und Knoblauch schälen und würfeln. Förmchen ausfetten und mit Bröseln ausstreuen. Brötchen grob würfeln.

2 Butter in einem Topf erhitzen. Mehl darin anschwitzen. Unter Rühren Milch dazugießen. Alles 3 Minuten kochen lassen und mit Salz, Pfeffer und Muskat abschmecken.

3 Backofen auf 200 °C vorheizen. Eier trennen. Sauce vom Herd ziehen und nach und nach Eigelbe und Käse unterrühren. Eiweiße steif schlagen. Spinat, Zwiebel, Knoblauch und Brötchen unterrühren. Danach Eischnee vorsichtig unterheben. In die Förmchen füllen und im heißen Ofen (Gas 3; Umluft 180 °C) 55 Minuten backen.

MÖHRENSOUFFLÉ

Zubereiten **40** Min. Garen **10** Min. Backen **20** Min.

FRANKREICH

(FÜR 4 PORTIONEN)
- **300 g Möhren**
- **50 g Knollensellerie**
- **Salz, weißer Pfeffer**
- **1 EL weiche Butter**
- **3 Eier, 50 g Schlagsahne**
- **1 TL Honig**
- **1 TL getrockneter Thymian**

FÜR DIE SAUCE
- **50 ml Kalbsfond**
- **100 g Schlagsahne**
- **2 EL gehackte Brunnenkresse**

AUSSERDEM
- **8 Soufflèförmchen (10 cm Ø)**
- **Butter und gemahlene Mandeln für die Förmchen**

1 Etwa ¼ l Salzwasser zum Kochen bringen. Die Förmchen ausfetten und mit Mandeln ausstreuen. Möhren und Sellerie putzen, schälen, kleinwürfeln und im Wasser etwa 10 Minuten garen. In ein Sieb abgießen, abschrecken und abtropfen lassen.

2 Backofen auf 200 °C vorheizen. Dann Möhren, Sellerie und Butter mit einem Stabmixer pürieren. Eier trennen. Eigelbe, Sahne, Honig und Thymian unter das Püree rühren. Salzen und pfeffern. Eiweiße steif schlagen, unterheben und die Masse in die Förmchen füllen. Im Ofen (Gas 3; Umluft 180 °C) etwa 20 Minuten backen.

3 Fond in einem Topf zum Kochen bringen, etwas einkochen lassen und Schlagsahne dazugeben. Brunnenkresse hinzufügen. Salzen und pfeffern.

4 Die Soufflés aus dem Ofen nehmen, etwas abkühlen lassen, dann auf Teller gleiten lassen. Sauce darübergeben.

SPITZKOHL-MÖHREN-RING

ÖSTERREICH

Lassen Sie sich von dieser Spezialität aus Österreich verführen: Kohl, Möhren und Hackfleisch passen wunderbar zusammen und erhalten durch Paprika und Kümmel ein würziges Aroma.

ZUTATEN

(Für 1 Gugelhupfform, 21 cm Ø)

- 1 kleiner Spitzkohl (siehe Zutatentip)
- Salz, schwarzer Pfeffer
- 2 Möhren, 1 Zwiebel
- 2 EL Öl
- 500 g gemischtes Hackfleisch
- 1 TL getrockneter Majoran
- 1 Prise edelsüßes Paprikapulver
- 1 EL Kümmelsamen
- 2 Eier, 100 g saure Sahne

AUSSERDEM

- Butter und Semmelbrösel für die Form

ZUTATENTIP

Der kegelförmige Spitzkohl wird nur im Frühjahr und Sommer angeboten. Seine Blätter sind zarter, und die Garzeit ist etwas kürzer als die von Weißkohl, den Sie statt dessen nehmen können.

1 Den Spitzkohl waschen und putzen. Dabei die äußeren Blätter entfernen. Den Strunk herausschneiden. Reichlich Salzwasser zum Kochen bringen und den Kohl darin 10 Minuten blanchieren. Danach die Möhren putzen, schälen und in dünne Stifte schneiden. Die Zwiebel schälen und würfeln. Die Form mit Butter ausfetten und mit Bröseln ausstreuen.

Schritt 2

2 Vom Spitzkopf 8-10 Blätter ablösen. Die dicken Blattrippen herausschneiden. Die Form mit den Blättern vollständig auskleiden, so daß sie 10 cm über den Rand lappen. Den übrigen Kohl in dünne Streifen schneiden.

Schritt 2

3 Öl erhitzen. Zwiebelwürfel darin glasig werden lassen. Hackfleisch hinzufügen und krümelig braten. Mit Majoran, Paprika, Salz und Pfeffer würzen. Weißkohlstreifen, Möhren und Kümmel daruntermischen.
Eier mit saurer Sahne verquirlen und dazugeben. Masse in die Form füllen. Kohlblätter darüberklappen. Mit einem Teller abdecken.

Schritt 3

4 Gugelhupfform in einen Topf mit etwa ½ l Wasser stellen. Dann kurz aufkochen lassen und zugedeckt bei mittlerer Hitze etwa 1 Stunde köcheln lassen. Herausnehmen und 10 Minuten stehen lassen, dann stürzen.

Zubereiten **30** Min. Garen **1** Std.
Pro Portion: 200 kcal/837 kJ;
9 g EW; 15 g F; 7 g KH

TYPISCH ÖSTERREICHISCH

Wien hat viele Attraktionen, die sowohl für Einheimische als auch für Touristen gleichermaßen interessant sind. Eine davon ist der Prater mit dem weltbekannten Riesenrad. Wird der Besucher hungrig, kann er sich an den zahlreichen Imbißständen oder in Gaststätten mit Wiener Spezialitäten verwöhnen lassen.

Kochtip

Wer keine Gugelhupfform besitzt, macht einfach eine Lasagne daraus. Dazu die Kohlblätter wie Nudelblätter verwenden und zwischen die Fleischmischung schichten. Mit der Eier-Sahne-Mischung überziehen. Etwa 150 g geriebenen Käse darüberstreuen. Im Backofen bei 200 °C (Gas 3; Umluft 180 °C) 45 Minuten garen.

Serviertip

Verwöhnen Sie Ihre Gäste mit einer fruchtigen Erdbeergrütze, die mit Zitronensaft und Vanille verfeinert ist.

Trinken Sie einen blauen Burgunder aus Österreich oder eine Johannisbeerschorle zum Essen.

SERVIERTIP Den Teig in Portionen teilen, mit Gemüse belegen und daraus Tartelettes backen.

Einen gut gekühlten Weißwein, am besten einen landestypischen Schweizer Fendant, dazu reichen.

Walliser Gemüsekuchen

Schweiz

Wer zu einer geselligen Runde einmal etwas Ungewöhnliches servieren möchte, sollte diesen Gemüsekuchen probieren. Er läßt sich gut vorbereiten, und Sie haben Zeit für Ihre Gäste.

Zutaten

(Für 1 Springform, 28 cm Ø)

Für den Teig

- 300 g Mehl, Salz
- 150 g kalte Butter, 1 Ei

Für die Füllung

- 1 Schalotte, 1 Stange Lauch
- 250 g junge Möhren
- 250 g weiße Rüben (siehe Zutatentip)
- 250 g Kohlrabi, 1 EL Butter
- Salz, weißer Pfeffer
- 200 g geriebener Emmentaler
- 250 g Schlagsahne, 2 Eier
- geriebene Muskatnuß

Außerdem

- Butter für die Form
- Mehl für die Arbeitsfläche

Zutatentip

Statt der weißen Rüben kann man auch sehr gut Blumenkohl, Brokkoli oder die doppelte Menge Lauch nehmen.

1 Mehl und Salz mischen. Butter in Stücken darauf geben. Mit Ei und 5 EL kaltem Wasser rasch zu einem glatten Teig verkneten, zu einer Kugel formen und zugedeckt mindestens 30 Minuten kühl stellen.

2 Schalotte schälen und fein würfeln. Von der Lauchstange die Wurzeln und das grüne Ende entfernen. Dann waschen und in dünne Streifen schneiden. Möhren, Rüben und Kohlrabi schälen und kleinwürfeln. Butter in einer Pfanne erhitzen und die Schalotte darin glasig werden lassen. Gemüse hinzufügen und alles etwa 5 Minuten unter Rühren dünsten. Mit Salz und Pfeffer abschmecken.

3 Form ausfetten. Backofen auf 225 °C vorheizen. Teig ausrollen. Die Form damit auskleiden, dabei einen 3 cm hohen Rand formen. Teigboden öfters mit einer Gabel einstechen. Im Ofen (Gas 4; Umluft 200 °C) auf der unteren Schiene 10 Minuten vorbacken.

4 Form aus dem Ofen nehmen. Auf 200 °C herunterschalten. Gemüse auf dem Teig verteilen. Käse darüberstreuen. Sahne, Eier, Salz, Pfeffer und Muskat verquirlen und darübergießen. Gemüsekuchen im Ofen (Gas 3; Umluft 180 °C) 30 Minuten backen.

Schritt 2

Schritt 3

Schritt 4

Zubereiten **45** Min. Kühlen **30** Min.
Backen **40** Min.

Pro Stück (8 Stücke):
700 kcal/2929 kJ;
47 g EW; 40 g F; 39 g KH

Typisch schweizerisch

Die Käseherstellung hat in der ganzen Schweiz eine lange Tradition. Es gibt neben den großen auch zahlreiche kleine Käsereien, in denen nicht nur der Schweizer Emmentaler, sondern auch viele andere Sorten wie Greyerzer oder auch Walliser Raclettekäse hergestellt werden.

Schweinefilet auf Gemüsebett

DEUTSCHLAND

Zartes Schweinefilet gart bei niedriger Temperatur und wird auf jungem Frühlingsgemüse und Petersilie serviert. Ein unkompliziertes Gericht, das auch ungeübten Köchen gelingt.

ZUTATEN
(Für 4 Portionen)

- 2 Frühlingszwiebeln
- 250 g junge Möhren
- 250 g Zuckerschoten
- 60 g eiskalte Butter
- Salz, schwarzer Pfeffer
- ½ Bund glatte Petersilie
- ½ l Brühe
- 500 g Schweinefilet (siehe Zutatentip)
- 50 ml Sekt (siehe Zutatentip)

ZUTATENTIP

- Sie können dieses Gericht auch mit der gleichen Menge Rinderfilet zubereiten.
- Den Sekt können Sie auch durch Weißwein oder einen Schuß Cognac ersetzen.

1 Die Frühlingszwiebeln putzen, dabei das grüne Ende entfernen. Dann waschen und in feine Ringe schneiden. Die Möhren unter kaltem Wasser abbürsten, putzen und in sehr feine Streifen schneiden. Die Zuckerschoten waschen und quer halbieren. In einer Pfanne 20 g Butter aufschäumen lassen. Das Gemüse darin etwa 6 Minuten dünsten. Mit Salz und Pfeffer würzen und warm stellen.

Schritt 1

2 Die Petersilie abbrausen, trockenschütteln und ohne die groben Stiele fein hacken. Die Brühe in einem ovalen Topf zum Kochen bringen. Das Schweinefilet hineinlegen. Das Fleisch zugedeckt bei sehr schwacher Hitze etwa 12 Minuten pochieren (siehe Kochtip).

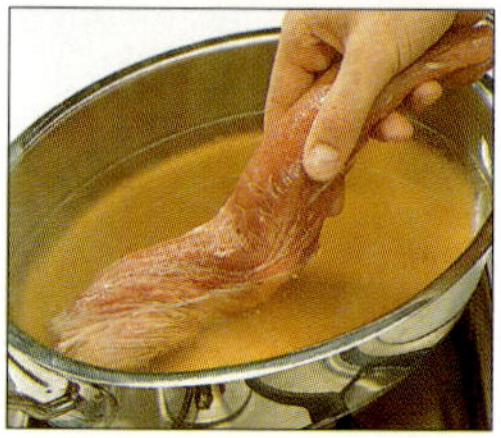

Schritt 2

3 Das Filet aus der Brühe nehmen, in Alufolie wickeln und darin 10 Minuten ruhen lassen. Inzwischen die Brühe durch ein Sieb gießen und davon etwa 100 ml in einen Topf geben. Zum Kochen bringen, dann den Sekt hinzufügen, dabei nicht mehr kochen lassen.

Schritt 3

4 Petersilie und 2 EL Brühe unter das Gemüse rühren. Übrige Butter mit einem Schneebesen unter die Sauce schlagen. Filet und Gemüse auf einer Servierplatte anrichten und Sauce darübergießen.

Zubereiten **25** Min. Garen **20** Min.
Pro Portion: 360 kcal/1506 kJ;
29 g EW; 21 g F; 15 g KH

TYPISCH DEUTSCH

In Deutschland wird nicht nur an Sonntagen gerne Fleisch gegessen. Auch unter der Woche verwöhnen Hausfrauen und Hobbyköche ihre Lieben mit Schnitzel und Braten. Dabei ist es unumgänglich, daß stets knackiges Gemüse dazu gereicht wird, das, je nach saisonalem Angebot, überall marktfrisch angeboten wird.

KOCHTIP

Pochieren heißt, in Flüssigkeit langsam garen. Dabei muß der Pochiersud stets unter dem Siedepunkt gehalten werden und darf auf keinen Fall kochen. Sonst wird das Fleisch zäh und trocken. Beachten Sie außerdem, daß das Filet in der Alufolie noch nachgart und deshalb nicht länger als 12 Minuten garen sollte.

SERVIERTIP

Als Auftakt zum Festtagsessen paßt Pfannkuchensuppe, die mit Schnittlauchröllchen bestreut wird.

Ein trockener Rotwein vom Kaiserstuhl oder eine Weißweinschorle ist hierzu das ideale Getränk.

Räucherfischsalat Kieler Art

Deutschland

Der Norden Deutschlands lockt mit einem attraktiven Potpourri aus gemischten Räucherfischfilets, Salatblättern und duftendem Dill. Tomatenachtel sorgen für Farbtupfer auf dem Salat.

ZUTATEN
(Für 4 Portionen)

- 1 kleiner Bund Rucola
- 1 Kopfsalat-Herz
- 3 Tomaten
- ½ Bund Dill
- 250 g geräucherte Fischfilets (Schillerlocke, Makrele und Räucherlachs; siehe Zutatentip)
- 1 Eigelb
- 1 TL Senf
- 3 EL Öl
- 5 EL Schlagsahne
- Salz, schwarzer Pfeffer

AUSSERDEM

- Dill zum Garnieren

Zutatentip

Die Makrele kann auch durch einen Fisch mit milderem Aroma, wie etwa eine Räucherforelle, ersetzt werden.

1 Den Rucola verlesen und in mundgerechte Stücke zerteilen. Das Kopfsalat-Herz in einzelne Blätter zerteilen. Die beiden Salate abbrausen und gründlich trockenschütteln.

2 Die Tomaten waschen, achteln und den Stielansatz dabei entfernen. Den Dill kalt abbrausen, trockenschütteln und ohne die groben Stiele fein hacken.

3 Die Schillerlocke quer in ½ cm dicke Scheiben schneiden. Von der Makrele die Haut entfernen und die Filets quer in 2 cm breite Streifen schneiden. Den Räucherlachs ebenso in Streifen schneiden.

4 Das Eigelb mit dem Senf in einer Schüssel verrühren. Das Öl und die Sahne dazugießen und mit einem Schneebesen so lange kräftig schlagen, bis eine cremige Sauce entstanden ist (siehe Kochtip). Mit Salz und Pfeffer würzen. Den Dill daruntermischen.

5 Den Rucola, die Kopfsalatblätter und die Tomatenachtel auf 4 Tellern anrichten. Die Salatsauce darübergeben und den Räucherfisch darauf anrichten. Mit Dill garnieren.

Schritt 2

Schritt 3

Schritt 4

Zubereiten **30** Min.

Pro Portion: 284 kcal/1188 kJ; 22 g EW; 20 g F; 4 g KH

Typisch norddeutsch

Überall in der Küstennähe Deutschlands findet man Räuchereien. Die Fische werden gleich nach dem Ausnehmen durch die Kiemen auf Stangen gereiht und kommen so in die Räucherkammer. Schillerlocken und Heringe werden bei über 60 °C heißgeräuchert. Lachs und Meerforelle räuchert man hingegen bei 15 °C.

KOCHTIP

Damit die Mayonnaise auch gelingt, ist es wichtig, daß das Öl und die Schlagsahne nach und nach dazugegossen werden. Die beiden Zutaten können Sie auch ebenso gut vor dem Hinzufügen in einer Tasse mit einem Eßlöffel verrühren und dann am besten mit dem Schneebesen unter die Eigelbmischung rühren.

SERVIERTIP

Verwöhnen Sie Ihre Gäste mit einem Stück Zwetschgenkuchen vom Blech und gesüßter Schlagsahne zum Dessert.

In Norddeutschland wird zum Räucherfischsalat ein gepflegtes Pils und danach ein Korn gereicht.

Rhabarber-Gratin

Frankreich

ZUTATEN
(Für 4 Portionen)

- 500 g Rhabarber
- 2 EL Zitronensaft
- 2 EL Zucker
- 200 g kleine Erdbeeren
- 2 Pck. Vanillezucker
- 50 ml roter Johannisbeerlikör (siehe Zutatentip)
- 3 Eier
- 100 ml Champagner (siehe Zutatentip)
- 1 EL Puderzucker

Zutatentip

• Statt dem etwas teueren Champagner können Sie auch einen Sekt oder einen Prosecco verwenden.

• Der rote Johannisbeerlikör läßt sich auch problemlos durch die selbe Menge roten Johannisbeersaft ersetzen.

Zuckersüße Erdbeeren und Rhabarber werden mit einer luftig-leichten Creme, die mit Champagner verfeinert wird, gratiniert. Wer kann einer solchen Verführung schon widerstehen?

1 Rhabarber waschen, putzen, schälen und in 2 cm breite Stücke schneiden. In einem Topf ½ l Wasser mit je 1 EL Zitronensaft und Zucker zum Kochen bringen. Rhabarber in den Topf geben und zugedeckt bei mittlerer Hitze etwa 5 Minuten garen. Dann in ein Sieb abgießen und abtropfen lassen.

Schritt 1

2 Erdbeeren waschen, putzen und trockentupfen. Übrigen Zitronensaft und Zucker mit 1 Päckchen Vanillezucker und Johannisbeerlikör verrühren. Erdbeeren untermischen.

3 Den Backofen auf 200 °C vorheizen. Die Eier trennen. Die Eigelbe mit dem Champagner, dem Puderzucker und dem restlichen Vanillezucker in eine Schüssel geben. Alles mit den Schneebesen des Handrührgerätes über einem heißen Wasserbad cremig schlagen (siehe Kochtip). Dann die Schüssel aus dem Wasserbad nehmen, und die Creme so lange weiterrühren, bis sie erkaltet ist.

Schritt 3

4 Die Eiweiße steif schlagen und vorsichtig unter die Eiercreme heben. Danach die Früchte in eine feuerfeste, flache Tarteform geben. Die Creme mit einem Eßlöffel darüber verteilen. Im Ofen (Gas 3; Umluft 180 °C) etwa 10 Minuten gratinieren.

Schritt 4

Zubereiten **25** Min. Garen **10** Min.
Pro Portion: 80 kcal/335 kJ;
1 g EW; 1 g F; 20 g KH

Typisch französisch

Der aus dem nordasiatischen Raum stammende Rhabarber wird botanisch eigentlich zum Gemüse gezählt. In den ländlichen Gegenden, wie etwa im Elsaß, schmückt so mancher Hobbygärtner seinen Gemüsegarten mit der wild wuchernden Pflanze, deren säuerliche Stiele sich zu herrlichen Gratins verarbeiten lassen.

Kochtip

Das Wasserbad darf nicht zu heiß werden und auf gar keinen Fall kochen, sonst kann die Creme leicht gerinnen. Wer kein Handrührgerät im Haushalt hat, kann die Eiercreme auch sehr gut mit einem Schneebesen zubereiten. Dafür einfach schnell und locker aus dem Handgelenk dicht am Schüsselboden Achten schlagen.

Serviertip

Vorweg paßt überbackener Ziegenkäse auf gemischtem Wildkräuter-Salat mit gerösteten Pinienkernen.

Ein Glas Champagner oder Sekt ist genau das Richtige zu dem Rhabarber-Gratin.

JAKOBSMUSCHELN »PROVENÇALE«

FRANKREICH

Jakobsmuscheln sind nicht nur lecker, sondern auch unkompliziert in der Zubereitung. Probieren Sie doch einmal diese Variante mit Gemüse, Kräutern und einem Schuß Weinbrand.

ZUTATEN
(Für 4 Portionen)

- 1 Schalotte
- 2 Knoblauchzehen
- 1 Zweig Thymian
- ½ Bund Petersilie
- 1 kleine Möhre
- 1 kleine Zucchini
- 200 g Champignons
- 12 Jakobsmuscheln (siehe Zutatentip)
- 60 g Butter
- 200 g Schlagsahne
- Salz, schwarzer Pfeffer
- 40 ml Weinbrand
- 100 ml Weißwein

AUSSERDEM

- Petersilie und Thymian zum Garnieren

ZUTATENTIP

Wer wenig Zeit hat, kann die Jakobsmuscheln gleich vom Fischhändler auslösen lassen oder auf Muscheln aus dem Tiefkühlregal zurückgreifen.

1 Schalotte und Knoblauch schälen und fein würfeln. Thymian und Petersilie kalt abbrausen, trockenschütteln und fein hacken. Möhre putzen, schälen und in Stifte schneiden (siehe Kochtip). Zucchini waschen, putzen und ebenso in Stifte schneiden. Pilze mit Küchenpapier abreiben und halbieren.

2 Die Muscheln unter fließend kaltem Wasser waschen. Dabei den grauen Bart entfernen. Das weiße Fleisch vom roten Fleisch trennen und beides in Scheiben schneiden.

3 Die Hälfte der Butter in einem Topf erhitzen. Schalotte und Knoblauch darin glasig werden lassen. Nacheinander Möhre, Zucchini, Pilze und Kräuter hinzufügen. Alles etwa 3 Minuten unter Rühren dünsten. Schlagsahne angießen und aufkochen lassen. Mit Salz und Pfeffer würzen und zugedeckt warm halten.

4 Die restliche Butter in einer Pfanne zerlassen. Das weiße Muschelfleisch darin beidseitig je 2 Minuten anbraten (siehe Kochtip). Mit dem Weinbrand beträufeln und dem Wein ablöschen. Mit Salz und Pfeffer würzen und mit dem roten Muschelfleisch unter das Gemüse mischen. Auf Tellern anrichten und mit Petersilie und Thymian garnieren.

Schritt 1

Schritt 3

Schritt 4

Zubereiten **35** Min.
Pro Portion: 304 kcal/1272 kJ; 6 g EW; 28 g F; 7 g KH

TYPISCH PROVENZALISCH

An der Küste der Provence kann man Jakobsmuscheln überall frisch erstehen. Sie werden unmittelbar nach dem Fang in großen Säcken zum Weitertransport verladen. Neben diesem Rezept mit Champignons, Gemüse und Kräutern sind auch die einfach gebratenen Jakobsmuscheln bei den Franzosen sehr gefragt.

KOCHTIP

• Die Möhre nach dem Schälen halbieren und dann der Länge nach in etwa ½ cm dicke Scheiben schneiden. Die Scheiben längs in feine Stifte schneiden.

• Achten Sie beim Garen der Muscheln darauf, daß sie bei mittlerer Temperatur gebraten werden, denn sie sollen nur leicht gebräunt auf den Tisch kommen.

SERVIERTIP

Zu den »Jacobsmuscheln provençale« dürfen auf gar keinen Fall leicht getoastete Weißbrotscheiben fehlen.

Ein trockener Weißwein aus der Provence oder lieblicher Cidre macht den Genuß perfekt.

Serviertip Damit Naschkatzen nicht zu kurz kommen, reichen Sie Plundergebäck als Dessert.

Ein herbes Pilz oder ein alkoholfreies Bier sind die idealen Durstlöscher zu den Pfannkuchen.

SPINATPFANNKUCHEN »DEN HAAG«

Groß und klein werden hier begeistert zugreifen: Knusprige Pfannkuchen erhalten eine würzige Spinatfüllung und werden mit Gouda und cremiger Sahnesauce goldbraun überbacken.

NIEDERLANDE

ZUTATEN
(Für 4 Portionen)

FÜR DIE FÜLLUNG
- 500 g Blattspinat
- Salz, schwarzer Pfeffer
- ½ Bund gemischte Kräuter (siehe Zutatentip)
- 1 Zwiebel, 1EL Butter
- 2 hartgekochte Eier
- 250 g Schlagsahne
- 200 g geriebener Gouda

FÜR DIE PFANNKUCHEN
- 250 g Mehl, Salz, 4 Eier
- ½ l Milch, 60 g Butter

AUSSERDEM
- 2 EL Butter für die Form
- Petersilie zum Garnieren

ZUTATENTIP
Gemischte Kräuter im Bund erhalten Sie auf Märkten oder bei Ihrem Gemüsehändler. Für die Pfannkuchen eignet sich eine Mischung aus Petersilie, Rosmarin und Thymian.

1 In einem Topf ¼ l Salzwasser zum Kochen bringen. Spinat verlesen, waschen und abtropfen lassen. Im Salzwasser etwa 3 Minuten blanchieren. In ein Sieb abgießen und gut ausdrücken. Dann fein hacken.

2 Kräuter abbrausen, trockenschütteln und ohne grobe Stiele fein hacken. Zwiebel schälen und würfeln. Butter in einer Pfanne erhitzen. Zwiebel darin glasig werden lassen.

3 Eier schälen und fein hacken. Mit Spinat, Zwiebel, Kräutern, 50 g Schlagsahne und 100 g geriebenem Käse in einer Schüssel vermischen. Mit Salz und Pfeffer würzen.

4 Für die Pfannkuchen Mehl, Salz, Eier und Milch zu einem dickflüssigen Teig rühren. Etwas Butter in einer Pfanne erhitzen. Darin 8 Pfannkuchen backen und warm halten. Zwischendurch immer wieder etwas Butter in die Pfanne geben. Backofen auf 200 °C vorheizen. Feuerfeste Form mit Butter ausfetten.

5 Spinatmasse auf die Pfannkuchen geben, aufrollen, in die Form legen. Mit restlichem Käse bestreuen. Übrige Sahne darübergießen. Im Ofen (Gas 3; Umluft 180 °C) in 15 Minuten überbacken. Mit Petersilie garnieren.

Schritt 3

Schritt 4

Schritt 5

Zubereiten **40** Min. Backen **15** Min.
Pro Portion: 814 kcal/3406 kJ;
38 g EW; 50 g F; 53 g KH

TYPISCH NIEDERLÄNDISCH
Neben Edamer und Leerdamer ist vor allem der berühmte Gouda aus Holland bekannt. Er wird in unterschiedlichen Geschmacksstufen angeboten. Man kann zwischen jungem, mildem oder mittelaltem bis altem Gouda, mit würzig bis kräftigem Geschmack, auswählen.

SEEZUNGENFILETS AUF ZARTEM GEMÜSE

GROSSBRITANNIEN

Servieren Sie Ihren Gästen einmal zu einem festlichen Anlaß Seezungenfilets auf Gemüse! Sie werden sanft gegart und durch trockenen Weißwein, Lorbeer und Fischfond veredelt.

ZUTATEN

(Für 4 Portionen)

- 4 Seezungenfilets (je 100 g)
- Saft von ½ Zitrone
- Salz
- 400 g Zucchini
- 1 Schalotte, 2 Möhren
- 1 Kohlrabi
- 1 EL Butter
- 100 ml Weißwein
- 200 ml Fischfond (siehe Zutatentip)
- 1 Lorbeerblatt
- 5 schwarze Pfefferkörner
- ½ Kästchen Kresse

AUSSERDEM

- Rosmarinzweige zum Garnieren

ZUTATENTIP

Statt Fischfond kann man für dieses Rezept auch sehr gut Gemüsebrühe verwenden.

1 Die Seezungenfilets kalt waschen und mit Küchenpapier trockentupfen. Die Zitrone auspressen und die Filets damit beträufeln. Nach Belieben salzen. Die Zucchini waschen, putzen und quer in dünne Scheiben schneiden. Die Schalotte schälen und kleinwürfeln. Danach die Möhren putzen, schälen und quer in dünne Scheiben schneiden (siehe Kochtip). Dann den Kohlrabi putzen, schälen und in dünne, 2 cm große Scheiben schneiden.

Schritt 1

2 Die Butter in einer tiefen Pfanne erhitzen. Die Schalotte darin unter Rühren glasig werden lassen. Das Gemüse hinzufügen und bei mittlerer Hitze 5 Minuten dünsten. Den Weißwein und den Fischfond angießen. Das Lorbeerblatt und die Pfefferkörner dazugeben und kurz aufkochen lassen, dann die Hitze reduzieren und die Filets auf das Gemüse legen. Zugedeckt in etwa 10 Minuten gar ziehen lassen (siehe Kochtip).

Schritt 2

3 Das Gemüse auf Tellern oder einer vorgewärmten Platte verteilen. Dann die Kresse mit einer Küchenschere abschneiden und darüberstreuen. Die Filets auf dem Gemüse anrichten. Mit den Rosmarinzweigen garnieren und sofort servieren.

Schritt 2

Zubereiten **30** Min. Garen **15** Min.
Pro Portion: 193 kcal/808 kJ;
11 g EW; 13 g F; 8 g KH

TYPISCH BRITISCH

Auf einer Insel wird natürlich viel Fisch gegessen. Das Nationalgericht des kleinen Mannes in England ist »Fish and Chips«. Mit Beginn der Industrialisierung eroberte es von den Häfen aus ganz England. Daß man in dem Inselstaat mit dem Angebot des Meeres noch mehr anfangen kann, zeigen diese Seezungenfilets.

KOCHTIP

- Wenn es besonders festlich sein soll, können Sie die Möhren mit einem Tourniermesser, das im Fachhandel erhältlich ist, in dekorative Formen schneiden.
- Wenn die Seezungenfilets in der Pfanne sind, darauf achten, daß die Hitze reduziert wird und das Gemüse nicht mehr köchelt, denn die Filets dürfen nur ziehen.

SERVIERTIP

Reichen Sie zu diesem Gericht mild abgeschmeckte Meerrettichsahne und geröstete Weißbrotscheiben.

Dazu mundet ein trockener Weißwein, etwa ein Chardonnay oder ein Sauvignon, hervorragend.

Küchen-Lexikon

Sie finden hier praktische Tips und wertvolle Informationen zum Nachkochen der Gerichte aus der Frühlingsküche.

Alvorca-Käse

Der Schnittkäse aus Portugal hat einen Fettgehalt von 50 % Fett i. Tr. und wird aus Schaf-, Ziegen- und Kuhmilch hergestellt. Er ist ideal zum Überbacken.

Gruyère

Der vorwiegend in der französischen Schweiz, meist aus Rohmilch, hergestellte Hartkäse mit 45% Fett i. Tr. ist vielseitig verwendbar. Er eignet sich zum Gratinieren sowie für Käsefondues und Saucen, ist im Geschmack pikanter als Edamer.

Kopfsalat-Herz

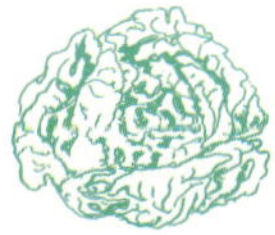

Das zarte Innenstück des Kopfsalates wird in gut sortierten Gemüsegeschäften auch ohne Außenblätter verkauft. Die berühmte französische Vorspeise »cours de laitues« besteht aus geschnittenen Kopfsalat-Herzen mit einem Dressing aus hartgekochten Eiern, Kräutern, Essig und Öl.

Rhabarber

Schon vor über 4000 Jahren wurde Rhabarber wegen der abführenden Wirkung medizinisch genutzt. Er eignet sich zur Zubereitung von Marmelade, Kompott, Saft oder auch als Tortenbelag. Die säuerlich schmeckenden Stengel kann man bereits Ende März ernten.

Romana-Salat

Der herzhafte Salat ist auch unter der Bezeichnung Römersalat oder Sommerendivie bekannt. Die länglichen Blätter sind in der Struktur dem Wirsing ähnlich. Das zarte Innere ist gelb.

Sansho

Bekannt geworden ist der »japanische Pfeffer« durch seine intensive Würzkraft, die in Japan bei Suppen- , Fisch- und Fleischgerichten bevorzugt wird. Er wird durch Mahlen der stacheligen Außenhülle der Eschensamen gewonnen.

Tips und Tricks rund um den Spargel

Für die Küchenpraxis sollten Sie einige Regeln beachten:

Spargeltopf

Die hohen, schmalen Töpfe, die im Fachhandel erhältlich sind, füllt man bis zu einem Drittel mit Wasser. Dann wird der Spargel in den passenden Siebeinsatz gestellt. Die Stangen garen schonend im sprudelnden Wasser, wobei die zarten Spargelspitzen nur mit dem heißen Wasserdampf in Berührung kommen.

Einkauf

Einheimischer Spargel kommt von etwa Mitte April bis Ende Juni auf den Markt. Bereits Ende März kann man Spargel aus Spanien und Griechenland erhalten. Sie sollten beim Einkauf nur Spargelstangen mit festen Köpfen und feuchten Schnittflächen auswählen.

Aufbewahren

Ungeschälter Spargel hält sich bedenkenlos einige Tage frisch, wenn man ihn in ein feuchtes Küchentuch wickelt und im Gemüsefach des Kühlschranks aufbewahrt.

Weißer und Grüner Spargel

Weißer Spargel wird noch gestochen, bevor die Spitzen aus der Erde sprießen. Grünen Spargel sticht man hingegen erst, wenn er etwa 25 cm aus der Erde wächst. So entwickelt sich das Chlorophyll, was auch die grüne Farbe bewirkt. Er ist im Geschmack kräftiger als weißer Spargel und muß außerdem nicht geschält werden.

Spargel schälen

Am besten benutzt man dazu einen Spargel- oder Sparschäler. Damit die Schale von den Spitzen nach unten etwas dicker abschälen.

Frühlingsgemüse

Die ersten Frühlingsboten aus dem eigenen Garten sind von zarter Beschaffenheit und daher besonders beliebt.

Blattspinat
Das vitamin- und eisenreiche Gemüse ist fast das ganze Jahr über erhältlich. Es gibt Blatt- und Wurzelspinat. Wer sich das mühevolle Putzen sparen will, kann auch auf Tiefkühlware zurückgreifen.

Kohlrabi
Von Mai bis September wird er aus Freilandhaltung angeboten. Es gibt weißen und blauen Kohlrabi. Er erinnert im Geschmack etwas an Rüben und wird gedünstet als Beilage, aber auch als gesunde Rohkost zubereitet. Seine Herzblätter sind sehr vitamin- und mineralstoffreich und sollten auf keinen Fall weggeworfen werden.

Mangold
Im Handel gibt es Blatt- und Stielmangold. Blattmangold hat kleine Stiele und breite Blätter, Stielmangold hingegen kleinere Blätter und fleischige Rippen. Mangold kann wie Spinat gegart werden.

Spitzkohl
Die kegelförmige Weißkohlsorte, die nur im Frühling und Sommer angeboten wird, eignet sich nicht nur zur Bereitung von Sauerkraut, sondern auch gut zum Dünsten und Kombinieren mit Fleisch jeglicher Art.

Weiße Rübe
Sie wird auch Mairübe genannt und gleicht in der Gestalt dem weißen Rettich. Ihre Wurzeln sind wohlschmeckend und gesund. Rüben eignen sich sehr gut zum Backen und Füllen. Oder man dünstet sie einfach und reicht eine helle Sauce dazu.

Zuckerschoten
Die zarten Schoten mit dem feinen Geschmack sind auch unter dem Namen Zuckererbsen bekannt. Man schneidet vor dem Zubereiten nur die beiden Enden ab und ißt sie ganz.

Schillerlocke

Das beliebte Räucherfischprodukt wird aus den Bauchlappen des Dornhais, die sich beim Räuchern einrollen, hergestellt. Vermutlich kommt daher auch der Name Schillerlocke. Das aromatisch gewürzte Fleisch schmeckt mit verschiedenen Blattsalaten der Saison und einem cremigen Dressing hervorragend.

Seezunge

Der besonders edle Plattfisch, mit einer Größe von bis zu 60 cm und einem Gewicht von etwa 4 kg, kommt bereits als Jungfisch mit einem Gewicht von bis zu 600 g auf den Markt. Der etwas kostspielige Fisch wird an der Nordsee und westlichen Ostsee, vor der Atlantikküste und im Mittelmeer gefangen. Sein Fleisch ist von besonders feiner Qualität und sollte daher schonend zubereitet werden.

Semmelbrösel

In der täglichen Küchenpraxis kommt man kaum ohne sie aus. Zum Ausstreuen von Backformen oder zum Panieren von Fleisch-, Fisch- oder Gemüsescheiben sind Semmelbrösel, die auch Paniermehl genannt werden, unverzichtbar. Die Brösel können aus altbackenen Semmeln oder getrockneten Weißbrotscheiben auf einer Küchenreibe oder in der Küchenmaschine selbst hergestellt werden.

Worchestersauce

Die braune Würzsauce ist von dünnflüssiger Konsistenz und besteht aus Cayennepfeffer, Pfeffer, Ingwer, Senf, Sherry, Tamarinde, Sojasauce, Weinessig, Zucker und Zwiebeln. Die im Geschmack intensive Sauce sollte nur sparsam verwendet werden und eignet sich hervorragend zum Abschmecken von Saucen, Suppen und vielen Fleischgerichten.

Menüvorschläge

Zu einer Familienfeier oder einem anderen besonderen Anlaß können Sie Ihrer Familie mit einem Drei-Gänge-Menü imponieren. Lassen Sie sich von unseren Vorschlägen inspirieren.

Brasilien

Brasilianische Spinatpfanne mit Krabben 6/7
Süßkartoffelsuppe
Papayasorbet

Karibik

Korianderhähnchen mit Früchten 8/9
Thunfischsalat auf Salatbett
Bananenbrot mit Rumsauce

USA

Salatteller mit Bacon 10/11
Jambalaya mit Meeresfrüchten
Pfirsichkuchen

Überbackener grüner Spargel 12/13
Red Snapper vom Grill
Käsekuchen mit Aprikosen

Japan

Gefüllte Putenröllchen »Kyoto« 14/15
Sushireis
Erdbeeren

Korea

Wokgemüse mit Fischstreifen 16/17
Rindfleischspieße
Gemischte Früchte

Thailand

Asiatische Tofupäckchen 18/19
Garnelensuppe
Kokosmilchpudding

Jordanien

Bulgur-Salat mit Kräutern 22/23
Gefüllte Auberginen
Brotpudding mit Mandeln

Israel

Fleischbällchen mit Minze 24/25
Buchweizengrütze Kascha
Mohnstrudel

Nigeria

Lammküchlein im Spinatmantel 26/27
Überbackene Süßkartoffeln
Erdnußplätzchen

Marokko

Marokkanische Gemüse-Tadschin 28/29
Linsensalat mit Fladenbrot
Honigküchlein

Portugal

Gefüllte Artischocken mit Krabben 30/31
Tintenfischragout
Sahneschnitten

Rezeptregister

Impressum

Redaktion: Förstner & Knophius GmbH
Rezepte: Rose Marie Donhauser
Illustrationen: Rita Mühlbauer

Bildnachweis
Alle Titel- und Rezeptfotos:
Meister Verlag/International Masters Publisher B.V.
Michel Brauner, Dorothee Gödert, Ulrich Kerth, Chris Meier
Einleitung: 4 oben Bilderberg, Aurora; 4 unten Look, Ch. Heeb; 4/5 The Image Bank, M. Melford; 5 oben Schapowalow, Hilmer; 5 mitte Angelika Graf; 5 unten The Image Bank, J. Schmitt
Fotos zu den »Typisch-Abschnitten«: 6 Mauritius, Visa Image; 8 Schapowalow, Schmidt-Luchs; 10 Bilderberg, G. Wagner; 12 Bilderberg, Ellerbrock & Schafft; 15 AllOver, B. Kirchhof; 16 Schapowalow, Komine; 18 Schapowalow, Reichelt; 22 Bilderberg, Francke; 25 Mauritius, Vidler; 26 Schapowalow, Hilmer; 28 Schapowalow, Peters; 30 Look, J. Richter; 32 Look, J. Richter; 34 Bilderberg, Horacek; 36 Bilderberg, R. von Forster; 39 AllOver, P. Niesporek; 40 Schapowalow, Cora; 44 Bilderberg, H.-J. Ellerbrock; 47 Look, A. Acquadro; 48 Mauritius, Rossenbach; 50 Bilderberg, W. Kunz; 52 Schapowalow, N. Brüggemann; 54 Bilderberg, E. Grames; 57 Schapowalow, Kähler; 58 Schapowalow, Nebbia

Reproduktionen: Meyle + Müller Medien-Management, 75172 Pforzheim
Computer to plate: S-B-P-S GmbH Kirchberg
Druck und Weiterverarbeitung: Sebald Sachsendruck, Plauen

ISBN 3-88477-042-X